Low-Carb Brote & Brötchen

von **Alexander Grimme**

/essenohnekohlenhydrate

@essen_ohne_kohlenhydrate

lowcarbvideos.de

/essenohnekohlenhydrate

Über den Autor

Der gebürtige Stuttgarter Alexander Grimme (33) entwickelte im Jahr 2015 seine eigenes Low-Carb Konzept & konnte so über 20 Kilogramm an Gewicht verlieren. Der Ernährungsexperte und Hobbykoch gründete „Essen ohne Kohlenhydrate“. Die Marke zählt heute mit über 1,2 Millionen Fans im Social Media zu einer der größten Low-Carb Communities im deutschsprachigen Raum.

Inhalt

Low-Carb Zutaten

Mein TIPP

Beachte beim Backen meine Tipps und die Infos zu Ausstattung sowie die passenden Backeinstellungen ab Seite 40.

Mehlersatz

Über 18 Millionen der Deutschen backen regelmäßig*

Die Deutschen kauften 2018 insgesamt 1,68 Millionen Tonnen Brot**

* Quelle: statista - Anzahl der Personen in Deutschland, die Backen, nach Regelmäßigkeit von 2016 bis 2020
** Quelle: Gesellschaft für Konsumforschung GfK 2018

Backen ohne Weißmehl

Generell kann man sagen, dass alle Low-Carb Mehle **glutenfrei** sind, weshalb sie zusätzlich Bindemittel benötigen (mehr dazu im Kapitel „Bindemittel" ab Seite 22). Gluten ist das Klebereiweiß welches für den Zusammenhalt der Zutaten in deinem Teig verantwortlich ist. Beachte, dass die Endung *-mehl* nicht bedeutet, dass sich alle Produkte gleich verhalten. Das ist nämlich ganz und gar nicht der Fall. Dieses Buch hilft dir beim Umgang mit den bekanntesten Mehl-Alternativen. Hier findest du eine Tabelle mit direktem Vergleich:

Mehl	Kohlenhydrate	Eiweiß	Fett	Kalorien (kcal)	Geschmack	Glutenfrei	Backen, süß	Backen, deftig	Muss gemischt werden
gemahlene Mandeln	5g	24g	53g	619	nussig	•	•	•	
Mandelmehl, teilentölt	7g	53g	12g	380	leicht bitter, nussig	•	•	•	
Kokosmehl	20g	20g	15g	358	leicht süß, trocken	•	•	•	•
Leinsamenmehl	6g	28g	12g	331	leicht nussig & bitter	•	•	•	•
Sojamehl	3g	42g	20g	366	leicht eigen	•	•	•	•
Proteinpulver	4g	80g	4g	381	leicht eigen	∘	•	•	•
(Süß-)Lupinenmehl	9g	42g	9g	293	neutral, leicht nussig	•	•	•	•

Nährwerte pro 100g ∘ *kann je nach Hersteller Spuren von Gluten enthalten*

Die **Nährwerte** beziehen sich auf exemplarisch von uns verwendete Markenprodukte. Nährwerte der einzelnen Ersatzmehle können je nach Hersteller oft stark schwanken. Damit verändern sich auch Bindefähigkeit und Backverhalten. Etwas Bachgefühl gehört mit dazu.

Bindung von Flüssigkeiten

Weißmehl vermischt sich leicht mit Wasser und Flüssigkeiten und ergibt (durch das enthaltene Gluten) eine gut formbare und zusammenhängende Teigmasse.

Wer das Weißmehl beispielsweise einfach 1:1 mit Kokosmehl ersetzt, wird merken, dass der Teig deutlich trockener und flockiger wird. Das Kokosmehl bindet deutlich mehr Flüssigkeit. Um das identische Volumen zu erhalten muss deutlich mehr Flüssigkeit zugegeben werden. Außerdem lässt sich das Ergebnis nicht formen. Der Teig bricht und zerbröselt sofort. Es sind weitere Bindemittel (wie zum Beispiel Eier) notwendig. Einen Überblick über passende Low-Carb Bindemittel findest du ab Seite 22.

Jedes Ersatzmehl hat so seine eigenen speziellen Eigenschaften. Zusätzlich gibt es keine einheitlichen Typenbezeichnungen wie beim Weißmehl. Je nach Hersteller variiert zum Beispiel der Grad der Entölung sehr stark. Mandelmehl gibt es mit einem Fettgehalt zwischen 12 und 50 Gramm pro 100 Gramm Mehl. Beides wird als Mandelmehl verkauft. Hier haben die beiden Mandelmehle zweier Hersteller sehr unterschiedliche Back-Eigenschaften. Genau deswegen gilt das Low-Carb Backen auch als Königsdisziplin. Dein Bauchgefühl ist gefragt und du hast auch bei den Rezepten in diesem Buch den ständigen Auftrag die Rezepte deinem Gefühl nach anzupassen. Wenn es mal nicht wie im Rezept beschrieben klappt oder das Ergebnis anders aussieht als auf unseren Bildern: Verliere nicht den Mut!

Mein TIPP

Starte als Anfänger nicht gleich mit dem größten Brot, sondern probiere erstmal kleine Brötchen aus um dich langsam heranzutasten. Schau doch mal in unserer Facebook-Premium-Gruppe vorbei:

Mandelmehl

Man unterscheidet zwischen **entöltem** und **teilentöltem** Mandelmehl. Alle Sorten unterscheiden sich in Herstellung, Nährwerten und Eigenschaften. Deshalb haben sie auch unterschiedliche Anwendungsbereiche. Mandelmehl kann ohne Zugabe von anderen Mehlen verwendet werden.

Die **Herstellung** von Mandelmehl ist ein Nebenprodukt der Mandelöl Herstellung. Die Mandeln werden meist geschält und gepresst (Kaltpressung). Neben dem Öl entsteht so der sogenannte Presskuchen. Das ist die zusammengedrückte Masse der Mandeln. Diese wird zum Schluss gemahlen und somit dann als Mehl abgepackt und verkauft.

Entöltes Mandelmehl (vollständig ausgepresst)
Entöltes Mandelmehl ist sehr trocken und nimmt viel Feuchtigkeit auf. Es wird zusätzlich sehr viel Flüssigkeit benötigt. Besitzt ein leichtes Marzipan-Aroma und eignet sich für süße Backwaren. Macht Gebäck fester und trockener.

Teilentöltes Mandelmehl (das verwende ich)
Enthält mehr Öl (Fett) und ist geschmeidiger beim Backen. Bei der Mandelpressung wird weniger Druck verwendet. Damit verbleibt mehr Fett der Mandeln im Presskuchen. Macht Gebäck ebenfalls fester und trockener.

Dunkles und helles Mandelmehl

Bei **braunem / dunklem Mandelmehl** wird die Schale der Mandeln mitverarbeitet. Daher ist der Aufwand der Verarbeitung kleiner und somit der Preis ein bisschen niedriger, als bei dem weißen Mandelmehl. Der Geschmack ist leicht bitter, jedoch auch nahrhafter. Verwendet wird es für herzhafte, bevorzugt dunkle Backwaren.

Bei **weißem / hellem Mandelmehl** wird vor der Verarbeitung die Schale der Mandeln entfernt (blanchiert). Dazu werden die Mandeln für längere Zeit in ein Wasserbad gelegt. Das Entfernen der Schale funktioniert danach einwandfrei, sie kann ganz leicht abgezogen werden. Das weiße Mehl kostet wegen der aufwendigeren Herstellung ein bisschen mehr als das Braune. Es eignet sich aber besser zum Backen, für vielerlei Gebäcke und schmeckt einfach leichter und ist nicht so bitter.

Gemahlene Mandeln sind ungepresste Mandeln und kein Mandelmehl. Das Öl bleibt erhalten und somit auch der Fettgehalt. Sie haben viel weniger Ballaststoffe als das Mehl und enthalten mehr Kohlenhydrate und deutlich mehr Kalorien. Meistens nicht 1:1 mit Mandelmehl ersetzbar.

Eigenschaften & Nährwerte

ersetzt 1:1

- **Kohlenhydrate** – *7-20 g*
- **Eiweiß** – *20-50 g*
- **Fett** –*12-50 g*
- **Kalorien** – *325-470 kcal*

- **Keine Bindefähigkeit;** *Bindemittel wie Guarkernmehl, Eier oder Flohsamenschalen(pulver) nötig*
- **Bröselig**
- **Geht kaum auf**

Tipp

Findest du auf der Packung weder die Infos „entölt“ oder „teilentölt“: Wirf einen Blick auf die Nährwerte. Nicht entöltes Mandelmehl weist häufig einen Fettgehalt über 45-50g auf. **Achte auf einen niedrigeren Fettwert.**

Kokosmehl

Kokosmehl ist aus Kokosnussfleisch gewonnenes Mehl. Zunächst wird das Kokoswasser aus der Nuss gelassen. Danach wird die Nuss geöffnet und das Innere aus der Schale getrennt. Das Fruchtfleisch wird getrocknet und zur Ölgewinnung kaltgepresst. Der Presskuchen wird nun gemahlen, verpackt und steht dann als Kokosnussmehl zum Verkauf bereit.

Kokosflocken (auch Kokosraspeln genannt) enthalten mehr Öl und somit mehr Fett, als das Mehl. Dadurch ändert sich das Backverhalten. Ein Teig mit Raspeln anstatt Mehl lässt sich nicht gut formen und die Festigkeit ist im Vergleich zum Kokosmehl viel geringer. Es wird nicht empfohlen, Kokosmehl mit Kokosraspeln zu ersetzen. Kokosmehl ergänzt andere Mehle (wie zum Beispiel Mandelmehl) und macht den Teig locker und luftig. Es wird selten ohne ein anderes Mehl verwendet.

Eigenschaften & Nährwerte

ersetzt 1/3

- **Kohlenhydrate** – *9 g*
- **Eiweiß** – *19 g*
- **Fett** – *12 g*
- **Kalorien** – *320 kcal*

- **Süßer, leicht nussiger Geschmack**
- **Nimmt viel Flüssigkeit auf**
- **Teig kann schnell zu trocken werden**

Tipp

Damit der Teig nicht zu trocken wird, ist es ratsam ***mehr Flüssigkeit*** *oder 1-2 Eier extra zum Teig zu geben, wenn du Weißmehl mit Kokosmehl ersetzen willst. Dadurch wird der Teig nicht zu trocken.*

Sojamehl

Sojamehl wird aus der ganzen Sojabohne hergestellt. Die Sojabohnen werden gereinigt, geschält, zerkleinert und anschließend zu Mehl vermahlen. In den meisten Fällen werden die zerkleinerten Sojabohnen aber zunächst geröstet, bevor sie gemahlen werden. Auf diese Weise hergestelltes Sojamehl nennt man vollfettes Sojamehl.

Alternativ gibt es auch teilweise entfettete Sojamehle, welche ein Nebenprodukt der Sojaölgewinnung sind. Bei der Ölgewinnung werden die Sojabohnen gepresst und entölt. Aus dem Presskuchen wird dann sogenanntes halbfettes oder fettarmes Sojamehl gewonnen.

Sojamehl dient der Geschmacksverfeinerung und sollte mit anderen Mehlen gemischt werden.

Eigenschaften & Nährwerte

ersetzt **1/5**

- **Kohlenhydrate** – *3 g*
- **Eiweiß** – *42 g*
- **Fett** – *20 g*
- **Kalorien** – *370 kcal*

Gute Bindefähigkeit; *auch als Bindemittel für Soßen geeignet*

Hoher Eiweißanteil

Tipp

Veganer Tipp: *1 EL Sojamehl mit 2 EL Wasser vermengt ersetzt ein Ei als Bindemittel.*

(Gold-)Leinsamenmehl

Leinsamenmehl wird aus der Flachspflanze, Linum usitatissimum gewonnen. Es wird wie Mandel- & Kokosmehl aus dem Presskuchen bei der Ölgewinnung hergestellt. Man unterscheidet bei **Leinsamenmehl** zwischen braunen Leinsamen und Goldleinsamen. Goldleinsamen enthalten mehr Omega 6-Fettsäure und weniger Omega 3-Fettsäure als braune Leinsamen. Auch das Quellvermögen ist bei den Goldleinsamen höher, wodurch der Teig mehr aufgeht und luftiger wird.

Leinsamenmehl (braun)
Leinsamenmehl schmeckt wie dunkles Mandelmehl etwas herb und wird eher für deftige Backwaren als Mehlersatz verwendet. Es sind in jedem Fall zusätzliche Bindemittel notwendig. Im Leinsamenmehl ist kein Gluten enthalten.

Goldleinsamenmehl (hell)
Das helle Mehl der Goldleinsamen macht den Teig etwas luftiger und ist nicht ganz so herb, schmeckt aber dafür etwas nussiger. Es eignet sich bestens für Brote, Brötchen oder herzhafte Muffins und Quiches.

Eigenschaften & Nährwerte

ersetzt **2/3**

- **Kohlenhydrate** – *3-6 g*
- **Eiweiß** – *28-31 g*
- **Fett** – *12-16 g*
- **Kalorien** – *260-319 kcal*

- **Wenig Bindefähigkeit;** *funktioniert am besten mit anderen Nussmehlen*
- **Hoher Eiweißanteil;** *Deutsches Superfood*
- **Für deftiges Gebäck**

Tipp

Leinsamenmehl kann selbst hergestellt werden. *Die Leinsamen werden dazu gemahlen. Das Mehl ist dann natürlich nicht entölt. Das Fett steckt also auch noch im Mehl. Dadurch bindet es Flüssigkeit nicht so gut wie teil- oder entöltes Mehl.*

Proteinpulver

Protein- oder **Eiweißpulver** wird in der Regel aus **tierischen Quellen** wie der Molke (Whey), dem Milcheiweiß (Casein) oder aber auch aus **pflanzlichen Quellen** (Soja, Reis, Erbsen oder Hanf) gewonnen. Die Pulver sind mit verschiedenen Geschmacksrichtungen vor allem bekannt in der Fitness-Szene (Protein-Shake) oder von Diät-Firmen (Abnehm-Shake). Dabei wird oft gesagt, dass Protein-Shakes zum Abnehmen wichtig sind. Oder aber auch das Gegenteil, dass sie dick machen können. Vergiss das alles.

Die Pulver sind industriell hergestelltes Eiweiß. Die selben wertvollen Proteine beziehst du jeden Tag aus deiner Nahrung. Es ist wertvoll für deinen Körper, erleichtert dir deine Diät und wirkt in der richtigen Menge gegen Heißhunger und schützt deine Muskulatur (vor allem während einer Diät). Dabei ist es erstmal egal ob das Eiweiß aus der Nahrung oder von einem Pulver kommt. Das Pulver kann dich in deiner Ernährung unterstützen. Es ist eine Ergänzung zu deiner Ernährung - kein Ersatz.

Die Qual der Wahl: Whey oder Casein? Konzentrat oder Isolat? Welche Marke? Welcher Geschmack? **Wichtig:** Lege vorab fest, wozu du das Proteinpulver verwenden möchtest. In der folgenden Tabelle (nächste Seite) kannst du super einfach nachlesen zu welchem Protein du greifen solltest.

Whey besitzt die Eigenschaft sehr schnell vom Körper aufgenommen zu werden. Deswegen ist es bei Sportlern so beliebt. **Casein** dagegen ist das sogenannte „Nachtprotein". Es ist auch sehr stark in Magerquark enthalten. Es versorgt den Körper langsamer, dafür aber viel länger mit Proteinen. Vor allem beim Backen bzw. bei der Verwendung als Mehlersatz sind diese Eigenschaften aber gar nicht so entscheidend.

Whey-Protein

Das **Whey-Protein** wird aus Molke („whey“ engl. für Molke) hergestellt. Molke ist ein Nebenprodukt der Käseherstellung. Der Molke wird die Flüssigkeit entzogen und übrig bleibt das Molkenprotein oder auch Whey-Protein.

Das Whey gibt es in vielen verschiedenen Varianten. Diese unterscheiden sich dabei in Herstellung, Eiweißgehalt, aber auch im Preis. Hier gibt es unter anderem Konzentrate, Isolate, Hydroisolate oder Mischungen der Varianten.

Zum Backen solltest du alleine für deinen Geldbeutel hauptsächlich Konzentrate (oder Konzentrat-Casein-Mischungen) auswählen. Das reicht völlig aus. **Ein fairer Kilopreis für passende Whey-Konzentrate sollte nicht über 25 Euro liegen.**

Whey	Eiweißanteil	Preis	als Mehlersatz	für Sportler	für Leistungssportler	Preise vergleichen!
Konzentrat	70-80%	€	•	•		•
Isolat	80-96%	€€€	•	•	•	•
Hydroisolat	70-96%	€€€		•	•	•

Preise vergleichen musst du aber auf jeden Fall immer. Viele Hersteller und Firmen verkaufen Konzentrate stark überteuert.

Mein TIPP

Verwende für deine Low-Carb Bäckerei entweder ein günstiges **Whey-Konzentrat** oder eine Mischung aus **Konzentrat und Casein**. Am besten eignet sich immer ein Proteinpulver in der **neutralen Geschmacksvariante** ohne Zusätze von Geschmackspulvern und extra Süßstoffen.

Casein-Protein

Das **Casein-Protein** wird direkt aus Milch gewonnen. Casein eignet sich besonders gut zum Backen. Es macht den Teig nochmal luftiger und lockerer als ein Whey-Protein. Zusätzlich nimmt unser Körper das Casein langsamer und länger auf. Casein macht uns so noch länger satt.

Auch bei Casein-Proteinen (oder bei Whey-Casein-Mischungen) lohnt sich ein Preisvergleich. **Ein fairer Kilopreis für Casein-Eiweißpulver sollte nicht über 25 Euro liegen.**

Casein	Eiweißanteil	Preis	als Mehlersatz	für Sportler	für Leistungssportler	Preise vergleichen!
Milchprotein	70-90%	€€	•	•	•	•

Preise vergleichen musst du aber auf jeden Fall immer. Viele Hersteller und Firmen verkaufen Casein stark überteuert.

Versorgung nach der Einnahme der unterschiedlichen Proteine:

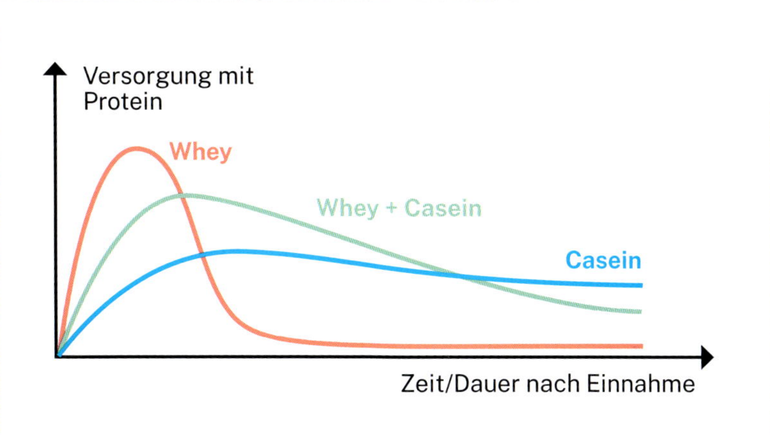

Einfache, nicht verbindliche Darstellung.

Pflanzliche Proteinpulver

Es gibt noch weitere Proteine die für das Low-Carb Backen sehr gut geeignet sind. Dabei handelt es sich um **pflanzliche Proteinpulver**. Die Quellwirkung und Löslichkeit erreicht nicht ganz den Grad der Pulver aus Milch und Molke, bieten aber eine tolle vegane Alternative und kann auch durch die Nährwerte überzeugen.

Sojaprotein

Sojaprotein wird durch das Mahlen der Sojabohnen hergestellt. Es eignet sich unter allen pflanzlichen Proteinen am besten zum Backen und hat kaum Eigengeschmack. Gleichzeitig ist der Sojaanbau bezüglich der Abholzung des Regenwaldes stark in der Kritik.

Reisprotein

Das Reisprotein wird durch Fermentation aus dem Reiskorn gewonnen. Das Pulver hat allerdings einen etwas eigenen Geschmack und ist leicht sandig. Es löst sich nur schwer in Flüssigkeiten.

Erbsenprotein

Gemahlenes Erbsenmehl wird mehrfach weiterverarbeitet um das Protein zu gewinnen. Auch das Erbsenprotein hat einen herben Eigengeschmack.

Hanfprotein

Die Samen der Hanfpflanze werden gesiebt, gemahlen und gepresst. Das Hanf hat keine berauschende Wirkung. Die Herstellung erfolgt aus Speisehanf. Hanfprotein weist einen etwas geringeren Eiweißanteil (und auch leicht mehr Kohlenhydrate) als Whey oder Casein auf und bringt auch einen eigenen Geschmack mit sich. Außerdem wird beim Backen mit Hanfprotein zusätzliche Flüssigkeit benötigt.

(Süß-)Lupinenmehl

(Süß-)lupinen (auch Speiselupinen genannt) sind eine zum Verzehr geeignete, extra gezüchtete Lupinensorte. Wilde Lupinen enthalten nämlich einen giftigen Bitterstoff, welcher zum Verzehr ungeeignet ist. Die gezüchteten Lupinen sind aber nicht giftig. Für die Herstellung werden die Samen zunächst gepresst. Die daraus entstehenden Samenflocken werden dann wiederum gewässert, damit sich das Eiweiß löst. Die Eiweiß-Masse wird nun nur noch erhitzt, sodass Lupinenmehl entsteht. Das Mehl hat einen hohen Protein- und niedrigen Fettgehalt.

Eigenschaften & Nährwerte

ersetzt **1:1**

Kohlenhydrate – *5-10 g*

Eiweiß – *bis 42 g*

Fett – *6-12 g*

Kalorien – *250-320 kcal*

Teig lässt sich gut kneten und formen; *macht das Gebäck leichter und luftiger*

Hoher Eiweißanteil

Schmeckt leicht süß und nussig

Tipp *Mithilfe des Lupinenmehls kann eine super leckere Brotkrume entstehen.*

Weitere Mehle

Es gibt noch weitere Mehle die für das Low-Carb Backen sehr gut geeignet sind. Auch diese Ersatz-Mehle variieren in Geschmack und der Fähigkeit Flüssigkeiten aufzunehmen. Sie benötigen ebenfalls zusätzliche Bindemittel.

Kürbiskernmehl

Kürbiskernmehl besitzt einen sehr geringen Zuckergehalt, ist reich an Proteinen und gesunden Ballaststoffen. Es ist reich an Kalium und Magnesium.

Erdnussmehl

Erdnussmehl ist vielseitig einsetzbar in der Küche, beim Backen oder auch beim Kochen, idealer Soßenbinder. Erdnussmehl schmeckt viel weniger nussig als Erdnussbutter. 100g Weizenmehl können in etwa durch 75g Erdnussmehl ersetzt werden.

Macadamiamehl

Macadamiamehl kommt am besten zur Geltung in der Kombi mit anderen Mehlen, z.B. Leinsamenmehl. 100g Weizenmehl können in etwa durch 75g Macadamiamehl ersetzt werden.

Haselnussmehl

Haselnussmehl zeichnet sich durch seinen leicht süßlich-nussigen Geschmack aus. Vielseitig einsetzbar in der Küche, zum Backen und ebenso als Soßenbinder.

Walnussmehl

Walnussmehl hat einen intenstiv-herben Geschmack. Weizenmehl kann bis zu 20% mit Walnussmehl ersetzt werden, dann muss auch die Flüssigkeitsmenge erhöht werden.

Hanfmehl

Hanfmehl zeichnet ein leicht nussiger Geschmack aus. Es hat keine berauschende Wirkung. Die Herstellung erfolgt aus Speisehanf. Es kann dem Gebäck eine leichte grüne Farbe verleihen.

Sesammehl

Sesammehl hat einen leicht nussigen Geschmack und ist es sehr ballaststoffreich.

Chiasamenmehl

Chiasamenmehl kann Verstopfungen entgegenwirken. Sehr guter Ei-Ersatz und quasi geschmacksneutral. Ideal auch als Bindemittel für Soßen und Suppen.

Nährwerte pro 100g.

Mehl	KH	EW	F	KCAL
Weißmehl	**72g**	**10g**	**1g**	**348**
Kürbiskernmehl	18g	45g	12g	390
Erdnussmehl	23g	50g	3,9g	340
Macadamiamehl	16g	28g	29g	464
Haselnussmehl	18g	21g	14g	280
Walnussmehl	16g	44g	15g	400
Hanfmehl	3g	29g	8g	303
Sesammehl	6g	58g	8g	370
Chiasamenmehl	4g	28g	7g	280

Mein TIPP

Erwarte nie, dass sich Mehle aus verschiedenen Rohstoffen ähnlich oder gleich verhalten, wenn du sie mit anderen Lebensmitteln mischst. Informiere dich vorab und probiere verschiedene Kombinationen aus.

Bindemittel

Bindemittel

Ohne Gluten (Klebereiweiß) fehlt uns ein wichtiger Bestandteil um einen formbaren und zusammenhängenden Teig anzurühren. Auch für das Anbinden von Soßen kommt hauptsächlich Mehl oder Stärke zum Einsatz. In der Low-Carb Bäckerei können wir aber auf eine Vielzahl von **glutenfreien Bindemitteln** ausweichen. Aber auch hier gilt: Jede Zutat hat seine eigenen Eigenschaften. Taste dich also bei der Verwendung auch langsam und in kleinen Schritten ans Ziel. Das klassische Low-Carb Bindemittel sind Eier. Wenn du nicht gleich mit den besonderen Zutaten arbeiten möchtest, verwende am besten erstmal Eier (sofern es das Rezept zulässt).

Bindemittel	Kohlenhydrate	Eiweiß	Fett	Kalorien (kcal)	Bindefähigkeit	Glutenfrei	als reines Bindemittel	nur als Zugabe
Flohsamenschalen	2g	2,5g	0,5g	193	sehr stark, stückig	•		•
Leinsamen, geschrotet	3g	22g	43g	539	mittel, stückig	•		•
Chia-Samen	8g	17g	31g	486	stark, stückig	•		•
Guarkernmehl	0g	6g	0,7g	180	sehr stark	•	•	
Johannisbrotkernmehl	2g	6g	1g	205	sehr stark	•	•	
Weizen- & Dinkelkleie	18g	16g	5g	268	stark, stückig			•

Nährwerte pro 100g

Je nach Rezept und gewünschter Konsistenz bieten sich verschiedene Bindemittel bevorzugt an. Leinsamen, Flohsamenschalen oder Chia-Samen behalten Struktur - wenngleich sie enorm viel Flüssigkeit binden. Guarkern- und Johannisbrotkernmehl lösen sich komplett auf.

Flohsamenschalen

Die Hülle der **Flohsamen** eignen sich ideal als Bindemittel. Sie können ein Vielfaches ihres eigenen Volumens an Flüssigkeit aufnehmen. Der Samen hingegen bindet viel weniger Flüssigkeit. Flohsamenschalen sind geschmacksneutral, glutenfrei und enthalten hauptsächlich Ballaststoffe. Der Teig geht schön auf und wird geschmeidig. Außerdem bleibt er länger frisch.

Flohsamenschalen kann man direkt unter den Teig mischen oder sie vorher mit heißem Wasser mischen und quellen lassen, bis ein dickflüssiges Gel entsteht (ähnlich wie bei Chia-Samen). Pro 500 g glutenfreiem Mehl kannst du ca. zwei bis drei TL Flohsamenschalen dazumischen.

Eigenschaften & Nährwerte

Kohlenhydrate – *2 g*

Eiweiß – *2,5 g*

Fett – *0,5 g*

Kalorien – *193 kcal*

Binden sehr viel Flüssigkeit; *macht das Gebäck leichter und luftiger*

Geschmacksneutral; *behält etwas Struktur*

Hält den Teig frisch und geschmeidig

Tipp

*Die **Quellwirkung** der Flohsamenschalen kann sich am besten entfalten, wenn der Teig vorm Backen noch wenigstens eine halbe Stunde ruht.*

Leinsamen, geschrotet

Leinsamen sind die Samen vom Flachs. Sie enthalten viele Ballaststoffe und Omega-3-Fettsäuren. Am besten binden die Samen Feuchtigkeit, wenn sie geschrotet sind. Die aufgebrochenen Hülsen bieten der Flüssigkeit mehr Angriffsfläche und die Quellwirkung wird deutlich erhöht.

Veganes Backen: Geschrotete Leinsamen sind ein toller Ei-Ersatz und ein gutes veganes Bindemittel. Dabei können bis zu zwei Eiern gut ersetzt werden. Ein Ei entspricht einem EL geschrotete Leinsamen mit drei EL heißem Wasser vermischt.

Eigenschaften & Nährwerte

Kohlenhydrate – *3 g*

Eiweiß – *22 g*

Fett – *43 g*

Kalorien – *539 kcal*

Binden sehr viel Flüssigkeit; *achte darauf, bei großen Mengen auch viel zu trinken*

Reich an Omega-3-Fettsäuren

Leicht nussiger Geschmack

Chia-Samen

Chia-Samen sind die Samen einer mexikanischen Pflanze (Salvia hispanica). Sie sind reine Nährstoffwunder und ein wahres Superfood. In Verbindung mit Flüssigkeiten vergrößern sie ihr Gewicht um das zehnfache. Die enthaltene Polysaccharid-Schicht auf den Samen bildet mit Flüssigkeiten eine Art Gel. Diese Eigenschaft eignet sich bestens als Bindemittelersatz in der Low-Carb Bäckerei.

Chia-Samen nehmen sehr viel Flüssigkeit auf und verdoppeln damit fast ihr Volumen. Sie eignen sich so auch sehr gut als Ei-Ersatz. In der Gel-Masse verbleiben aber immer die Samen-Stücke. Das Bindemittel eignet sich so optimal für Smoothies, Bowls und Shakes und weniger für Soßen.

Eigenschaften & Nährwerte

Kohlenhydrate – *8 g*

Eiweiß – *17 g*

Fett – *31 g*

Kalorien – *486 kcal*

Binden sehr viel Flüssigkeit; *es verbleiben aber immer Stücke in der Masse*

Viele Nährstoffe und Antioxidantien

Empfohlene Tagesmenge: *15 g*

Info

Chia-Samen werden schon seit Jahrhunderten als Heilsamen & Lebensmittel bei den Azteken eingesetzt. **Seit Zulassung wird aber eine Höchstmenge von 15 Gramm pro Tag empfohlen. Chia-Samen sollten also nur als Beigabe verwendet werden.**

Guarkernmehl

Durch Pulverisierung von Samen der Guarbohne wird **Guarkernmehl** gewonnen. Die Eigenschaften ermöglichen eine super Binde- und Gelierfähigkeit. Der Teig wird luftiger und hält besser zusammen. Außerdem eignet sich Guarkernmehl bestens um **Low-Carb Soßen** anzubinden. Bei einer Mischung mit anderen Bindemitteln wird die Wirkung verstärkt. Sehr beliebt ist die Mischung von Guarkern- und Johannisbrotkernmehl.

Vorsichtig dosieren: Guarkernmehl sieht ähnlich aus wie Mehl. Wer Mehl oder Stärke zum Anbinden verwendet, neigt auch hier sehr schnell dazu, zu viel zu verwenden. Guarkernmehl bindet aber deutlich stärker. Hier solltest du mit kleinen Mengen beginnen.

Eigenschaften & Nährwerte

- **Kohlenhydrate** – *0 g*
- **Eiweiß** – *6 g*
- **Fett** – *0,7 g*
- **Kalorien** – *180 kcal*

- **Sehr gutes Bindemittel**; *verwende am Anfang kleine Mengen*
- **Neutraler Geschmack**
- **Auch geeignet für Konfitüren & Marmeladen**

Tipp

Bei Rezepten mit Flohsamenschalen oder Guarkernkernmehl solltest du der Teigmasse etwas Zeit zum Quellen geben. **Bei einer Unverträglichkeit von Hülsenfrüchten bitte kein Guarkernmehl verwenden.**

Johannisbrotkernmehl

Johannisbrotkernmehl ist ein sehr starkes Gelier- und Bindemittel. Die gemahlenen Samen des Johannisbrotbaums haben zwei besondere Eigenschaften: sie lösen sich hervorragend in heißem und quellen in kaltem Wasser. Das Mehl ist glutenfrei und geschmacksneutral. Zusammengefasst also eine vielseitig anwendbare Zutat, welche den Teig schön aufquellen lässt und fluffig macht.

Auch bei **Johannisbrotkernmehl** reichen bereits geringe Mengen aus, um Flüssigkeiten gelartig zu binden. Das Mehl besteht zum Großteil aus wertvollen Ballaststoffen. Du solltest es genauso wie das Guarkernmehl eher sparsam verwenden.

Eigenschaften & Nährwerte

Kohlenhydrate – *2 g*

Eiweiß – *6 g*

Fett –*1 g*

Kalorien – *205 kcal*

Sehr gutes Bindemittel; *erhältlich zum Beispiel im Biomarkt oder Reformhaus*

Kreuzreaktionen mit Soja-Allergikern möglich

Auch geeignet für Konfitüren & Marmeladen

Info

Dem Zusatzstoff Johannisbrotkernmehl werden viele positive Wirkungen nachgesagt. So soll es sowohl den Blutzucker- als auch den Cholesterinspiegel senken und kann bei Verdauungsbeschwerden helfen.

Weizen- & Dinkelkleie

Weizen- und **Dinkelkleie** sind Randschichten des jeweiligen Getreides. Sie sind sehr nahrhaft und sorgen für ein schnelleres und länger anhaltendes Sättigungsgefühl. Kleie zeichnet sich durch einen hohen Anteil an unverdaulichen Ballaststoffen aus, die im Verdauungstrakt nicht aufgenommen werden. Sie enthält zwar Gluten, doch das nur in geringer Menge. Die Ballaststoffe quellen im Verdauungstrakt auf und regen die Darmaktivität an. Die Kleie hilft so auch gegen Verstopfung.

Die **Kleie** eignet sich so besonders gut für Low-Carb Frühstücksrezepte oder für knuspriges Gebäck. Ein tolles Rezept mit Weizenkleie findest du auf Seite 66. Mit der Weizenkleie ist auch im Low-Carb Rezept eine feste und knusprige Konsistenz möglich.

Eigenschaften & Nährwerte

- **Kohlenhydrate** – *18 g*
- **Eiweiß** – *16 g*
- **Fett** – *5 g*
- **Kalorien** – *268 kcal*

Viele Nährstoffe; *reich an Eisen, Kupfer, Zink, Magnesium, Phosphor und Mangan*

Gut gegen Verstopfung

Viele B-Vitamine

Tipp *Weizenkleie eignet sich optimal für knuspriges Low-Carb Gebäck.*

Zuckerersatz

Zuckerersatz

Für uns sind beim Backen die **Zuckerersatzstoffe** (wie Xylit oder Erythrit) interessant. Die meisten Stoffe gehören ebenfalls zu den Zuckermolekühlen - also den Kohlenhydraten. Die Angaben in den Nährwerttabellen der Produkte können deswegen manchmal etwas verwirren. Die veränderte, aber natürliche Struktur der Molekühle, kann von unserem Körper schwer bis gar nicht verdaut werden. Unser Körper kann damit einfach nicht so viel anfangen. Bei ähnlichem Volumen und fast identischer Süßkraft, sind sie ein optimaler Zuckerersatz beim Backen. Viele Süßstoffe eignen sich dafür nicht, weil sie um ein Vielfaches süßer sind als Zucker und am Ende das Volumen in der Teigmasse fehlt.

Zuckerersatz	Kohlenhydrate	Eiweiß	Fett	Kalorien (kcal)	Geschmack	Süßkraft (vs. Zucker)	zum Backen	Auswirkung BZS
Xylit*	100g	0g	0g	240	ähnlich Zucker, kühl	1x	•	+
Erythrit*	100g	0g	0g	0	ähnlich Zucker, kühl	0,75x	•	+
Stevia*	>90g	0g	0g	0	leicht bitter	300x		+
Honig, Agavendicksaft	75g	0g	0g	306	süß, fruchtig	>1x	•	++

BSZ Blutzuckerspiegel
+ geringe bis keine Auswirkung auf den BSZ
++ höhere Auswirkung (aber weniger als Zucker) auf den BSZ

* *Zuckeralkohole gehören auch zu den Kohlenhydraten und müssen daher laut Kennzeichnungsrecht als Kohlenhydrate angegeben werden.*

Nährwerte pro 100g

Die Zuckerersatzstoffe haben zwar meist pflanzliche Quellen, werden aber natürlich industriell hergestellt. Hochwertiger Honig ist gesund, sollte aber am besten unverarbeitet und regional bezogen werden. Honig solltest du nicht häufiger verwenden als normalen Haushaltszucker.

Xylit

Xylit gehört zur Gruppe der Zuckeralkohole. Es ähnelt vom Geschmack her normalem Haushaltszucker und besitzt die gleiche Süßkraft. Die industrielle Gewinnung erfolgt aus Birkenholz, wie auch aus abgeernteten Maiskolben oder aus Getreide. Es wird aus nachwachsenden Rohstoffen gewonnen und ganz ohne Gentechnik hergestellt. Durch die aufwendige Gewinnung ist der Preis höher als beim Haushaltszucker. Xylit ist hitzestabil und karamellisiert nur schwer.

Von Tieren fernhalten! Im Gegensatz zum Menschen bewirkt Xylit bei Hunden nach Einnahme einen schnellen, dosisabhängigen Insulinanstieg und dementsprechend einen starken Abfall des Blutzuckers. Bereits die Einnahme von 0.1 g Xylit/kg Körpergewicht kann beim Hund zu einer schweren Unterzuckerung führen.

Eigenschaften & Nährwerte

Kohlenhydrate – *100 g*

Eiweiß – *0 g*

Fett – *0 g*

Kalorien – *240 kcal*

Perfekt zum Backen; *gleiche Süßkraft und identisches Volumen (wie Zucker)*

Trotzdem ca. 240 Kalorien pro 100 Gramm

Hohe Mengen können abführend wirken

Tipp

Pudriges Xylit eignet sich besonders gut zum Backen, da es sich schön in den Teig einarbeiten lässt. Dazu kann normales kristallines Xylit auch selbst gemahlen werden. **Kohlenhydrate aus Xylit musst du nicht anrechnen. Die Kalorien aber schon.**

Erythrit

Wie Xylit gehört **Erythrit** zu den Zuckeralkoholen. Im Gegensatz zu Xylit kann unser Körper mit dem Stoff aber so gut wie gar nichts anfangen. Er wird nicht erwähnenswert verstoffwechselt, bringt es damit praktisch auf 0 Kalorien. Das macht Erythrit vor allem zum Abnehmen sehr beliebt. Die Süßkraft liegt im Vergleich zu Zucker bei etwa 75%. Dementsprechend wird für eine ähnliche Süßkraft etwas mehr Erythrit als Zucker benötigt. Dadurch steigt auch das Volumen etwas an. Erythrit ist für Hunde ungefährlich.

Erythrit oder Xylit? Was ist besser? Welcher Zuckerersatz besser ist, kann man so nicht sagen. Beide Stoffe haben je nach Einsatzzweck ihre Vor- und Nachteile. Xylit punktet mit der 1:1 Süßkraft im Vergleich zu Zucker. Erythrit punktet mit Nährwerten und der Löslichkeit in Flüssigkeiten.

Eigenschaften & Nährwerte

- **Kohlenhydrate** – *100 g*
- **Eiweiß** – *0 g*
- **Fett** – *0 g*
- **Kalorien** – *0 kcal*

Perfekt zum Backen und Abnehmen;
weniger Süßkraft als Zucker

Kalorienfrei

Hohe Mengen können abführend wirken

Tipp

Erythrit löst sich vor allem in Heißgetränken perfekt auf.
Kohlenhydrate aus Erythrit musst du nicht anrechnen.

Stevia

Stevia ist bis zu 300x süßer als Zucker. Es hat keinen Einfluss auf den Blutzuckerspiegel und ist daher auch für Diabetiker geeignet. Die hohe Süße erschwert am Anfang ein bisschen die Dosierung. Stevia eignet sich daber aber auch nur zum Süßen und nicht um Zucker an sich in einem Back-Rezept zu ersetzen. Eine Mischung mit anderen Süßungsmitteln ist daher zu empfehlen. Stevia kombiniert sich sehr gut mit Erythrit.

Stevia gibt es in verschiedenen Formen (als Pulver, Tropfen oder Tabletten). Die Süßkraft variiert auch sehr stark. Bei der Verwendung solltest du dich immer vorab über die Süßkraft informieren und in sehr kleinen Mengen ausprobieren.

Eigenschaften & Nährwerte

- **Kohlenhydrate** – *90g*
- **Eiweiß** – *0 g*
- **Fett** – *0 g*
- **Kalorien** – *0 kcal*

Perfekt zum Abnehmen; *keine Kalorien - leider mit speziellem Eigengeschmack*

Deutlich süßer als Zucker

Nicht als Volumenersatz geeignet

Honig, Agavendicksaft

Honig und **Agavendicksaft** sind zwar nicht gerade Low-Carb, aber die bessere Alternative als Haushaltszucker. Dabei kommt es jedoch immer auf die Menge und die Qualität an. Sie sollten nur sparsam verwendet werden. Honig besteht zwar, wie Zucker, aus Glucose und Fructose, doch er beinhaltet Mineralstoffe, Vitamine, Aminosäuren und wertvolle Antioxidantien. Agavendicksaft weist den niedrigsten Wert für den glykämischen Index unter den natürlichen Süßungsmitteln auf.

Allerdings müsste man schon sehr viel von **Honig** und **Agavendicksaft** essen, um von den Inhaltstoffen wirklich zu profitieren. Ich führe die beiden Zucker-Alternativen trotzdem auf. Verwende sie sparsam.

Eigenschaften & Nährwerte

Kohlenhydrate – *75 g*

Eiweiß – *0 g*

Fett – *0 g*

Kalorien – *300-306 kcal*

Achtung: viel Zucker, viele Kohlenhydrate; *sei sparsam und verwende wenn möglich Alternativen*

Eignet sich für spezielle Rezepte (Geschmack)

Eignet sich bei Halsschmerzen

Tipp

Versuche ***Honig*** *und* ***Agavendicksaft*** *nach Möglichkeit auch eher zu meiden und setze in der Low-Carb Bäckerei auf Zuckerersatzstoffe.*

Weitere Zutaten

Natürlich benötigen wir zum Backen auch noch einige weitere klassische Zutaten. Bei diesen Zutaten sind von Natur aus keine oder sehr wenig Kohlenhydrate (bzw. Zucker) enthalten. Daher müssen wir sie nicht ersetzen. Folgende Zutaten solltest du immer auf Lager haben:

Butter und Öle

Zum Backen eignet sich **Butter** wunderbar. Auch **Kokosöl**, **Sonnenblumenöl**, **Rapsöl** oder bei herzhaftem Gebäck **Olivenöl** kommen in unseren Rezepten zum Einsatz. Fette und Öle werden beim Low-Carb Backen nicht anders verwendet, als beim herkömmlichen Backen.

Backpulver

In der Low-Carb Küche verwenden wir **stärkefreies Backpulver**. Spezielles stärkefreies Backpulver erhältst du in ausgewählen Low-Carb Onlineshops. Alternativen sind **Weinsteinpulver**, **Natron** oder auch eine **Natron-Kokosmehl-Mischung**. **Kokosmehl** hat ebenfalls eine leicht treibende Eigenschaft. 1:1 vergleichbar ist es aber nicht. Wenn nur kleinere Mengen Backpulver ersetzt werden sollen, kann aber auch normales Backpulver verwendet werden.

Kakao

Für einen schokoladigen Geschmack verwenden wir reinen Backkakao. Achte beim Backkakao auf den Unterschied zu herkömmlichem „Kaba". Dieser besteht nämlich zum Großteil aus reinem Haushaltszucker. **Backkakao** bzw. **Rohkakao** dagegen sind eher bitter und kräftig im Geschmack, als süß.

Eier

Eier sind das Bindemittel schlechthin, vor allem in der Low-Carb Bäckerei. Verwende wenn möglich Bio-Eier.

Mandeln, gemahlen

Gemahlene Mandeln enthalten im Gegensatz zu Mandelmehl deutlich mehr Fett. Schmecken dadurch aber auch deutlich besser. Gemahlene Mandeln solltest du auf jeden Fall immer im Haus haben.

ESSENOHNEKOHLENHYDRATE
Meal Prep
4er Set
10%
RABATT
DEIN PERSÖNLICHER
GUTSCHEINCODE
BROT10EOK
BPA FREE
CERTIFIED
OFEN
bis 500 °C
SPÜLI
geeignet
TK-FACH
bis -30 °C
MIKRO
geeignet
DICHT
www.eokshop.de

Was du noch wissen musst

Mein TIPP

Lies dir die Tipps und Tricks aufmerksam durch. Das Backen mit Low-Carb Zutaten ist nicht einfach und es ist einiges an Fingerspitzengefühl gefragt.

Tipps & Tricks

Jetzt weißt du alles rund um die Low-Carb Zutaten, welche wir zum Backen verwenden. Doch bevor wir dich jetzt auf die Low-Carb Backwelt loslassen, haben wir noch einige Tipps, Tricks und Informationen, damit auch du zum Low-Carb Meisterbäcker werden kannst.

Mehle

An dieser Stelle möchte ich nochmals darauf hinweisen, dass vor allem Low-Carb Mehle je nach Hersteller sehr stark variieren. Vor allem im Grad der Entölung. D.h. jedes Produkt bringt ein unterschiedliches Backverhalten mit sich. Somit gleicht (in der Theorie) keine Mengenangabe der anderen. Achte beim Zusammenmischen auf die Konsistenz des Teiges und füge entsprechend Flüssigkeit oder Mehl bzw. Bindemittel hinzu. Mit der Zeit hast du das „im Gefühl". Fehlversuche gehöhren hier leider auch mit dazu. Vor allem wegen der oft teuren Zutaten (wie Mandelmhel) macht es Sinn, dass du dich langsam herantastest.

Backzeit

Wer hätte es gedacht - natürlich können sich genau diese Unterschiede auch auf die Backzeit auswirken. Zusätzlich variiert die Backzeit schon leicht von Ofen zu Ofen. Die Vielfalt an so vielen unterschiedlichen Zutaten macht es nicht leichter. Behalte den Ofen beim Low-Carb Backen also immer im Auge und entscheide ebenfalls nach Gefühl. Dazu am besten einige Minuten vor Ende der Backzeit den aktuellen Stand überprüfen. Damit die Brote richtig auskühlen können, verwendest du am besten ein Kuchen- bzw. Auskühlgitter. So können sie ganz in Ruhe durchziehen.

Stäbchentest

Eine einfache Methode um das Gebäck im Ofen zu „testen" ist der Stäbchentest. Stich mit einem Zahnstocher vorsichtig ins Gebäck und ziehe ihn wieder heraus. Bleibt kein Teig am Zahnstocher kleben, ist das Gebäck fertig.

Haltbarkeit

Gebäck mit Ei, Quark oder anderen Milchprodukten sollte im Kühlschrank aufbewahrt werden und zügig verbraucht werden. Unser selbstgebackenes Low-Carb Brot hält bis zu fünf Tage bei richtiger Lagerung.

Einfrieren

Das Brot in Scheiben schneiden und portionsweise einfrieren. Brötchen am besten auch in kleinen Portionen zusammen einfrieren. So halten sich die meisten Rezepte locker vier Wochen und schme-

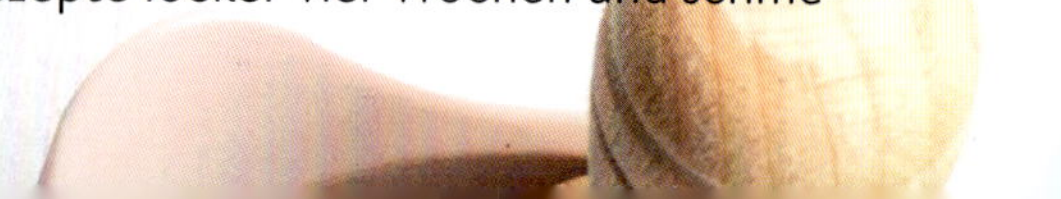

cken aufgebacken oder getoastet wie frisch aus dem Ofen. Bedenke aber, dass sich nicht alle Rezepte optimal zum Einfrieren eignen. Rezepte mit viel Quarkanteil eignen sich dazu zum Beispiel nicht so optimal.

Profi-Tipp: Lasse das eingefrorene Brot ca. eine Stunde bei Zimmertemperatur auftauen und backe es dann kurz im Ofen oder toaste es. Schmeckt wie frisch gebacken!

Vegan: Eier ersetzen

Du bist allergisch gegen Eier, ernährst dich vegan oder hast einfach kein Ei zur Hand? Wir zeigen dir, wie du die Eier im Rezept ersetzen kannst. Eine Variante wäre Ei-Ersatz aus Leinsamenmehl herzustellen. Hierfür vermischst du 1 EL Leinsamenmehl mit 3 EL Wasser in einer kleinen Schale. Gut vermischen und schon ist dein Ersatz fertig. Diesen mischst du wie gewöhnliches Ei unter den Teig. Auch Sojamehl und Lupinenmehl eignen sich dafür. Beachte dabei folgende Mischverhältnisse um ein Ei zu ersetzen:

Leinsamen, geschrotet
1 EL Leinsamen + 3 EL Wasser

Sojamehl
1 EL Sojamehl + 2 EL Wasser

Lupinenmehl
1 EL Lupinenmehl + 3 EL Wasser

Unterheben

Wenn im Rezept von „Unterheben“ gesprochen wird, ist es wichtig, dass du den Teig auch wirklich vorsichtig unterhebst, und nicht verrührst. Zum Unterheben ist am besten ein Teigspatel geeignet. Nicht geeignet wäre ein Schneebesen. Die Idee hinter dem Unterheben ist, dass der Teig fluffig, locker und leicht bleibt. Die unterzuhebende Masse ist meist Eischnee und sollte sehr vorsichtig mit dem übrigen Teig vermengt werden. Gebe dazu die Zutat zum Unterheben auf die übrige Masse, nicht umgekehrt.

Teigkonsistenz

Übung macht den Meister. Bei Low-Carb Mehlen kann der Teig oft schnell zu trocken oder bröselig werden.

Profi-Tipp: Die Mehlmenge erst nach und nach zu der restlichen Menge hinzufügen. Wenn der Teig die ideale Konsistenz hat, musst du auch nicht zwangsläufig alles Mehl verwenden. So kannst du einem trockenen Teig meist vorbeugen. Wenn der Teig dennoch zu trocken wirkt oder nicht richtig zusammenhält, füge vorsichtig mehr Flüssigkeit hinzu.

Dafür kannst du Milch, Wasser oder auch Eier verwenden. Ist der Teig zu klebrig oder flüssig, füge eher Bindemittel wie Flohsamenschalen(mehl) oder Guarkernmehl hinzu, je nachdem was im

Rezept verwendet wird. Auch wieder sehr vorsichtig und langsam, eine kleine Menge kann hier einiges ausmachen. Flohsamenschalen(mehl) und Guarkernmehl quellen sehr stark. Dafür benötigen sie aber auch etwas Zeit.

Der Ofen bleibt zu

Vor allem bei Gebäck mit Eischnee oder hohem Quarkanteil sollte der Ofen während dem Backvorgang nicht geöffnet werden. Das Gebäck kann einfallen und verliert seine Fülle und Luftigkeit.

Genauso kannst du den Ofen nach dem Ausschalten noch geschlossen lassen. So dass das Gebäck im geschlossenen Ofen abkühlen kann. Dadurch fällt das Gebäck nicht so leicht in sich zusammen.

Ofeneinstellungen

Die Ausstattung von Öfen variiert, je nach Baujahr und Hersteller. Inzwischen besitzt aber fast jeder Ofen die Umluft-Funktion. Es gibt viele Rezepte, bei denen nur Umluft angegeben ist. Wenn du aber lieber mit Ober-/Unterhitze arbeitest, dann hilft dir folgende Tabelle beim Umrechnen. Ist bei einem Rezept 180° Umluft angegeben, stellst du deinen Ofen auf 200° Ober-/Unterhitze und backst den Teig so lange, wie es im Rezept steht. Der Tabelle liegen zwei einfache Formeln zugrunde. Möchtest du die Umluft-Temperatur berechnen, verringerst du einfach die angegebene Temperatur (Ober-/Unterhitze) um 20 Grad. Zum Beispiel entspricht 160 Grad Ober-/Unterhitze 140 Grad Umluft. Es gilt die Formel:

Umluft = Ober-/Unterhitze - 20 Grad

Das funktioniert natürlich auch umgekehrt: Möchtest du Ober-/Unterhitze berechnen, addierst du zu der Umluft-Angabe 20 Grad.

Ober-/Unterhitze = Umluft + 20 Grad

Umluft	Ober-/Unterhitze
130 °C	150 °C
140 °C	160 °C
150 °C	170 °C
160 °C	180 °C
170 °C	190 °C
180 °C	200 °C
190 °C	210 °C
200 °C	220 °C
210 °C	230 °C
220 °C	240 °C
230 °C	250 °C

Backzubehör & Ausstattung

Meine praktische Checkliste für deine Bäckerei-Ausstattung:

Messbecher

Was bringt das beste Rezept, wenn du keine Möglichkeiten hast, alles genau abzumessen. Ein Messbecher ist in deiner Bäckerei essentiell. Ein großer und kleiner Messbecher sind zu empfehlen. Mindestens aber ein Messbecher mit einem Fassungsvermögen von 750 ml bis 1 Liter.

Küchenwaage

Empfehlenswert ist eine einfache digitale Küchenwaage. Es ist zwar möglich, auch mit einem Messbecher zu wiegen, das wird aber, wegen unterschiedlicher Dichte und Volumen von einzelnen Zutaten, sehr kompliziert.

Rührschüssel

Eine bzw. gleich mehrere Rührschüsseln (in verschiedenen Größen) sind eines der wichtigsten Backutensilien und sollte auf jeden Fall zu deiner Ausstattung gehören. Sie findet in wirklich jedem Rezept eine Verwendung. Am besten geeignet sind Kunststoffschüsseln mit relativ hohem Rand. Sie sind nicht so laut, wenn man mit einem Rührgerät arbeitet und lassen sich einfach reinigen.

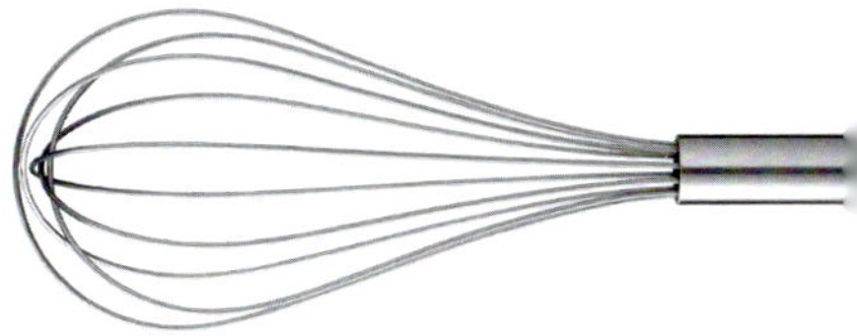

Schneebesen

Ein Schneebesen ist das effektivste Küchenutensil, um Sahne zu schlagen und Teig gut zu vermengen. Besitzt du keinen Handrührer oder Küchenmaschine, solltest du auf jeden Fall einen Schneebesen dein Eigen nennen. Bei festeren Teigen, wie beispielsweise Brotteig, ist der Schneebesen allerdings fehl am Platz. Du läufst dabei Gefahr, dass dein Schneebesen bricht und kaputt geht. Da tut es dann auch mal ein...

... Kochlöffel

Festere Teige kann man schon auch mal mit einem Kochlöffel aus Holz oder Bambus mischen.

Teigschaber

Der Teigschaber hilft dir, Teige sowie Cremes, etc. glatt zu streichen und den Teig restlos von der Rührschüssel in die Backform zu befördern. Es gibt Teigschaber mit und ohne Stiel. Beides ist immer wieder sehr nützlich. Silikonschaber sind schön biegsam und deswegen vielseitiger einsetzbar.

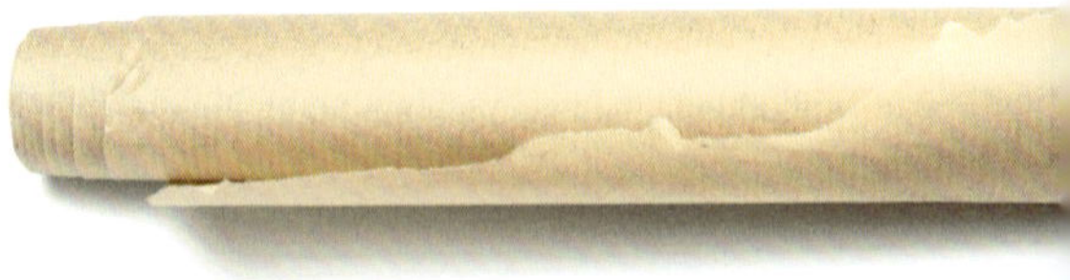

Handmixer

Der Handmixer nimmt dir viel Arbeit bei der Verarbeitung des Teiges ab. Vor allem wenn es um Brotteig geht ersparst du dir damit viel Mühe und Kraft. Du würdest zwar ohne ein Handrührgerät auskommen, aber wenn du einmal mit einem Handmixer gearbeitet hast, wirst du darauf nicht mehr verzichten wollen. Das gilt genauso für eine hochwertige...

... Küchenmaschine

Die Küchenmaschine ist ein noch größerer Luxus, als das Handrührgerät. Du gibst die Zutaten einfach in die Schüssel, startest die Maschine und wartest bis der Teig fertig ist. So kannst du die Zeit nutzen, um schon den nächsten Schritt vorzubereiten. Dadurch sparst du dir Kraft und Zeit. Ich backe ja selbst auch super gerne mit normalem Mehl und Hefe. Einen richtigen Pizzateig knetet man für knapp 20 Minuten. Ohne Küchenmaschine macht man das per Hand. Wenn du dir eine Küchenmaschine leisten kannst, lohnt sich eine Anschaffung auf jeden Fall.

Nudelholz / Wellholz

Ohne Nudelholz wird es schwer einen Teig glatt auszurollen. Es wird in erster Linie verwendet, um Plätzchen oder Kuchenböden herzustellen. Eine leere Weinflasche funktioniert hier zur Not auch mal ganz gut.

Backpapier

Auch Backpapier verwenden wir in fast jedem Rezept. Verwende am besten ein wiederverwendbares Backpapier. Mithilfe des Backpapiers lässt sich das Gebäck einwandfrei vom Blech oder von der Form lösen, ohne dass etwas vom Teig zurückbleibt.

Backformen

Es gibt unzählige Backformen in verschiedensten Größen, Formen und Materialien. Die zwei gängigsten Formen ist die runde Springform und die Kastenform. Wir verwenden in erster Linie die Kastenform für unsere Brote.

Kuchenrost / Auskühlgitter

Mithilfe eines Kuchenrosts (auch Kuchengitter oder Auskühlgitter genannt) kann dein Gebäck vollen allen Seiten gut auskühlen. Die Feuchtigkeit des Teiges kann so auch nach unten entweichen. Als Alternative kannst du auch das Gitter deines Backofens verwenden.

Wie du dieses Buch verwendest

Lies dir das gesamte Rezept durch und stelle dir alle Arbeitsschritte einmal vor, bevor du mit dem ersten Schritt beginnst. So kannst du gedanklich schon mal alles planen und strukturieren.

Nährwerte

Die Nährwerte der Rezepte beziehen sich immer auf die gesamten verwendeten Zutaten:

KH	EW	F	KCAL
39g	151g	132g	2047

Hat ein Brötchen-Rezept (wie hier angegeben) zum Beispiel 2047 Kalorien und es werden 10 Brötchen geformt, teilst du natürlich alles durch 10. So kannst du bei jedem Rezept auch selbst die Kalorienmenge steuern und berechnen. In diesem Fall wären das pro Stück ca. 205 Kalorien. Das Gleiche gilt für die Nährstoffe Eiweiß, Kohlenhydrate und Fett und für die Scheiben bei den Broten. Mit Zutaten verschiedener Hersteller kann es natürlich zu Abweichungen kommen. Du kannst die Werte jederzeit mit deinen Produkten nachberechnen. Sonstige Nährwertangaben (in Tabellen) verstehen sich wie üblich per 100 Gramm.

Rezepte-Icons

Bei jedem Rezept findest du verschiedene Icons. Diese verraten dir auf den ersten Blick ein paar wissenswerte Infos zum Rezept:

Du findest die Icons immer in der rechten oberen Ecke der Rezeptseite.

- To-Go: zum **Mitnehmen & Einpacken**
- Rakete: **weniger als 40 Minuten**
- No milk today: **Laktosefrei**
- Reich an **Omega-3**-Fettsäuren

Viel Spaß beim Backen

Wenn du dir bis hierhin alles aufmerksam durchgelesen hast, ist es jetzt an der Zeit den Kochlöffel bzw. das Nudelholz zu schwingen. Ich wünsche dir viel Spaß. Melde dich gerne jederzeit bei Fragen und Problemen über Instagram bei den Accounts:

@essen_ohne_kohlenhydrate

@eokalex

Viel Spaß beim Backen!
Alex

Brote

Mein TIPP

Beachte beim Backen meine Tipps und die Infos zu Ausstattung sowie die passenden Backeinstellungen ab Seite 40.

Chia-Eiweißbrot

6 Eier
500 g Magerquark
100 g Mandeln, gemahlen
100 g Leinsamen
4 EL Chiasamen
4 EL Leinsamenmehl
16 g Backpulver
10 g Brotgewürz
1 Prise Salz

Backofen auf 175 Grad Ober-/Unterhitze vorheizen.

Alle Zutaten miteinander vermischen. Eine 30cm lange Kastenform mit Backpapier auslegen. Den Teig hineingeben und die Oberfläche glatt streichen.

Alles eine halbe Stunde ruhen lassen.

Nach Belieben mit Kürbiskernen, Leinsamen, Haferflocken, Sesam, Mohn oder Sonnenblumenkernen bestreuen und anschließend 60 Minuten backen.

Temperatur: 175 °C

Backen: Ober-/Unterhitze 60min

Zeitaufwand: 100min

Portionen: 1 Brot

Mein TIPP

Lass das Brot nach dem Backen mehrere Stunden auskühlen. Am besten im Kühlschrank.

KH	EW	F	KCAL
39g	151g	132g	2047

Chia-Quark-Brot

50 g Chiasamen
500 g Magerquark
300 g Mandeln, gemahlen
16 g Backpulver
1 Prise Salz

Ofen auf 180 Grad Umluft vorheizen und ein Backblech mit Backpapier bereitstellen.

Chia-Samen in einem Mörser etwas zerstoßen. Magerquark mit den Chia-Samen in eine Schüssel geben und gut vermischen. Für 10 bis 15 Minuten quellen lassen.

In einer Schüssel gemahlene Mandeln, Backpulver und Salz vermengen. Alles zum Chia-Quark hinzugeben und gut vermischen.

Den Teig auf das Backblech geben oder in eine Backform und glatt streichen.

Für 45 Minuten backen. Das Brot soll außen schön braun werden. Keine Angst wenn das Brot schon nach 30 Minuten dunkel ist.

Nach dem Backen auskühlen lassen. Erst nach dem Abkühlen aufschneiden. Guten Appetit.

Temperatur: 180 °C
Backen: Umluft 45min
Zeitaufwand: 65min
Portionen: 1 Brot

Mein TIPP

Das Brot schmeckt super lecker mit Erdnuss- oder Mandelmus und etwas Honig.

KH	EW	F	KCAL
32g	136g	176g	2320

Karottenbrot

3 Karotten, roh
4 Eier
100 g Creme Fraiche
60 g Mandelmehl, teilentölt
2 EL Flohsamenschalen, pulverisiert
1 EL Erythrit
2 TL Backpulver
1 Prise Meersalz, grob
80 g Sonnenblumenkerne

Backofen auf 200 Grad Ober- und Unterhitze vorheizen und ein Backblech, sowie einen Tortenring bereitstellen.

Alle Zutaten, außer einem EL Sonnenblumenkerne, mit einer Küchenmaschine vermengen. Ein paar Minuten ziehen lassen.

Teig mit einem Schaber auf das Backblech in den Tortenring geben und gleichmäßig verstreichen. Mit einem feuchten Messer einschneiden und die restlichen Sonnenblumenkerne über dem Brot verstreuen.

25 bis 30 Minuten backen bis das Brot schön dunkel wird. Nach dem Backen aus dem Ofen nehmen und abkühlen lassen.

Den Tortenring erst entfernen, wenn das Brot abgekühlt ist. Vorsichtig rund herum mit einem Messer vom Ring trennen und dann den Ring öffnen.

Temperatur: 200 °C

Backen: Ober-/Unterhitze 25min

Zeitaufwand: 40min

Portionen: 1 Brot

Mein TIPP

Die tolle Konsistenz eignet sich auch bestens zum Toasten.

KH	EW	F	KCAL
37g	75g	101g	1398

Toastbrot

200 g Whey Proteinpulver, neutral
350 g Frischkäse, Doppelrahm
60 g Butter
20 ml Olivenöl
4 Eier
60 ml Milch, 3,5%
1 Prise Salz
1 TL Backpulver, stärkefrei

Backofen auf 180 Grad Ober-Unterhitze vorheizen.

Die Zutaten in einer großen Schüssel zu einem gleichmäßigen Teig vermengen.

Alles in eine mit Backpapier ausgelegte oder gefettete Brotbackform geben. Für 45 Minuten backen.

Mit einem Zahnstocher in den Teig stechen, um zu testen, ob dieser fertig gebacken ist. Klebt kein Teig am Zahnstocher ist das Brot fertig.

Temperatur: 180 °C

Backen: Ober-/Unterhitze 45min

Zeitaufwand: 55min

Portionen: 1 Brot

Mein TIPP

Lass das Brot nach dem Backen mehrere Stunden auskühlen. Am besten im Kühlschrank.

KH	EW	F	KCAL
24g	242g	204g	2943

Karotten-Chia Brot

5 Karotten, roh
60 g Mandelmehl, teilentölt
100 g Magerquark
4 Eier
2 EL Flohsamenschalen
1 TL Backpulver, stärkefrei
2 EL Chiasamen
1 EL Erythrit
1 TL Sesam, hell

Backofen auf 200 Grad Ober-/Unterhitze vorheizen.

Karotten reiben, mit den restlichen Zutaten (außer dem Sesam) in eine große Schüssel geben und gut vermengen.

Eine Brotbackform mit Backpapier auslegen oder gut einfetten und den Teig in die Form füllen. Alles glatt streichen und die Sesamkörner gleichmäßig darauf verteilen.

Für 30 Minuten backen.

Mit einem Holzstäbchen das Brot einstechen und prüfen, ob Teig an dem Stäbchen haften bleibt. Wenn kein Teig dran klebt, ist das Brot fertig. Das Brot abkühlen lassen und in Scheiben schneiden.

Temperatur: 200 °C

Backen: Ober-/Unterhitze 30min

Zeitaufwand: 40min

Portionen: 1 Brot

Mein TIPP

Das Brot schmeckt super lecker mit Erdnuss- oder Mandelmus und etwas Honig.

KH	EW	F	KCAL
34g	71g	36g	779

High-Protein Fladenbrot

1 Ei

50 g Frischkäse, 0,2% Fett, natur

1 TL Flohsamenschalen, pulverisiert

1 TL Backpulver

25 g Reibekäse, 45% Fett i. Tr.

1 Prise Sesam, hell

1 Prise Chiasamen

1 Prise Salz

2 ml Rapsöl

Backofen auf 150 Grad Umluft vorheizen und ein Backblech mit Backpapier bereitstellen.

Ei trennen und das Eiweiß steif schlagen.

Frischkäse, Flohsamenschalenpulver, gestrichener TL Backpulver zu dem Eigelb geben und gut vermischen. Nach Geschmack salzen, dann den geriebenen Käse unterrühren.

Das steife Eiweiß unterheben. Je vorsichtiger ihr das macht, desto fluffiger und luftiger wird das Brot.

Das Backpapier zur Sicherheit mit einem Tropfen Öl einreiben (es reicht ganz wenig), damit die Brote am Ende nicht kleben bleiben.

Die Teigmasse ergibt zwei kleine Fladenbrote. Die Masse gleichmäßig verteilen. Anschließend noch mit Sesam, Chia-Samen oder anderen Körnern bestreuen.

Für 25 Minuten backen und dabei immer im Auge behalten. Wenn die Fladen braun sind, aus dem Ofen nehmen und abkühlen lassen.

Temperatur: 150 °C

Backen: Umluft 25min

Zeitaufwand: 35min

Portionen: 2 kleine Fladenbrote

Mein TIPP

Variiere dein Fladenbrot durch verschiedene Toppings wie Sesamkörner, Leinsamen oder Kürbiskerne.

KH	EW	F	KCAL
5g	19g	16g	242

Zucchinibrot

200 g Zucchini
3 Eier
150 g Magerquark
1 Prise Salz
100 g Mandeln, gemahlen
20 ml Rapsöl
40 g Kokosmehl, teilentölt
2 TL Backpulver
40 g Leinsamen
40 g Sonnenblumenkerne
100 g Reibekäse, 45% Fett i. Tr.

Ofen auf 200 Grad Umluft vorheizen. Kastenform mit Backpapier auslegen.

Zucchini raspeln und durch ein Küchentuch gut ausdrücken. Es sollte so viel Flüssigkeit wie möglich entweichen. Eier mit Quark und Salz verquirlen.

Gemahlene Mandeln, Öl, Kokosmehl und Backpulver hinzufügen und unterrühren. Leinsamen und Sonnenblumenkerne zum Teig geben und einrühren. Zucchiniraspel und Reibekäse dazugeben und unterheben.

Teig in die Kastenform füllen und im Ofen für 45 Minuten backen.

Aus dem Ofen nehmen und abkühlen lassen. Vorsichtig aus der Kastenform stürzen, in Scheiben schneiden und servieren.

Temperatur: 200 °C

Backen: Umluft 45min

Zeitaufwand: 60min

Portionen: 1 Brot

Mein TIPP

Je besser die Zucchini entwässert wird, desto besser gelingt dir die Konsistenz beim Backen.

KH	EW	F	KCAL
28g	106g	151g	1968

Chia-Leinsamenbrot

5 Eier
100 g Mandeln, gemahlen
50 g Leinsamen
50 g Chiasamen
50 g Sonnenblumenkerne
20 g Kokosmehl, teilentölt
50 g Flohsamenschalen, pulverisiert
200 g Hüttenkäse, natur
16 g Backpulver
1 TL Brotgewürz
2 EL Apfelessig
1 TL Salz

Ofen auf 180° C Umluft vorheizen.

Alle Zutaten in eine Schüssel geben, gut verrühren und mit feuchten Händen einen Brotlaib formen.

Kleine Einschnitte auf die Oberseite des Brotes machen und etwas auseinanderziehen.

60 Minuten backen.

Brot gut abkühlen lassen, in Scheiben schneiden und genießen. :)

Temperatur: 180 °C

Backen: Umluft 60min

Zeitaufwand: 70min

Portionen: 1 Brot

Mein TIPP

Das Brot lässt sich super einfrieren und etwas dünner geschnitten auch gut toasten.

KH	EW	F	KCAL
36g	112g	147g	1989

Bananenbrot

3 Bananen, roh
4 Eier
1 EL Xylit
1 Prise Zimt, gemahlen
0.5 TL Vanilleextrakt
200 g Mandeln, gemahlen
1 TL Backpulver
2 EL Kokosöl, nativ
5 g Haselnüsse, gehackt

Ofen auf 180 Grad Umluft vorheizen. Kastenform gut einfetten.

Bananen mit dem Stabmixer pürieren. Eier, Xylit, Zimt und Vanilleextrakt miteinander verquirlen und Bananenpüree unterrühren.

Gemahlene Mandeln, Backpulver und Kokosöl hinzufügen und alles gut miteinander verrühren.

Den Teig in die Kastenform füllen und mit gehackten Haselnüssen bestreuen.

Im Ofen für 45 Minuten backen. Eventuell die letzten Minuten mit Alufolie abdecken.

Das Bananenbrot gut abkühlen lassen und aus der Kastenform stürzen. In Scheiben schneiden und servieren.

Temperatur: 180 °C

Backen: Umluft 45min

Zeitaufwand: 55min

Portionen: 1 Brot

Mein TIPP

Auch bei Low-Carb sind Bananen nicht verboten. Verwende reife und weiche Bananen.

KH	EW	F	KCAL
110g	80g	147g	2153

Low-Carb Toastie

25 g Weizenkleie
8 g Leinsamen
2 TL Flohsamenschalen
60 g Magerquark
1 Ei

Backofen auf 180 Grad Umluft vorheizen und ein Backblech mit Backpapier bereitstellen.

Weizenkleie mit Leinsamen und Flohsamenschalen vermischen. Magerquark und Ei dazugeben.

Alles für 10 Minuten ruhen lassen.

Aus dem Teig zwei Toasts formen und auf das Backblech geben. Zum Glätten bei Bedarf eine Frischhaltefolie verwenden. Für 15 Minuten auf mittlerer Schiene backen.

In der Zwischenzeit den Belag nach Wunsch vorbereiten.

Das Blech aus dem Ofen nehmen und kurz abkühlen lassen. Anschließend Toasts vom Backpapier lösen.

Toasts belegen, bei Bedarf in eine Serviette einwickeln und servieren.

Temperatur: 180 °C

Backen: Umluft 15min

Zeitaufwand: 35min

Portionen: 1 Toastie-Paar

Mein TIPP

Ein Toastie eignet sich kleingeschnitten auch perfekt als Croûtons-Beigabe für einen Salat.

KH	EW	F	KCAL
8g	19g	9g	195

Dönerbrot

40 g Mandelmehl, teilentölt
1 TL Leinsamen
1 TL Sonnenblumenkerne
1 EL Flohsamenschalen
50 g Frischkäse, 0,2% Fett, natur
0.25 TL Backpulver
1 Ei
0.5 TL Olivenöl
1 Prise Salz

Backofen auf 200 Grad Umluft vorheizen und ein Backblech mit Backpapier bereitstellen.

Alle Zutaten in einer großen Schüssel vermischen, bis eine gleichmäßige Teigmasse entsteht. Alles für mindestens 10 Minuten ziehen lassen.

Etwas extra Mehl auf den Handflächen verteilen, damit man den Teig gut formen kann und nichts kleben bleibt. Wir haben dafür Dinkelmehl verwendet.

Das Brot in die gewünschte Form bringen und darauf achten, dass die Teiglinge mindestens 2 Zentimeter dick sind. Der Teig geht nicht sonderlich auf und muss später noch aufgeschnitten werden.

Für 12 Minuten backen, dann das Brot vorsichtig wenden. Nochmals 12 Minuten backen. Nach Bräunungsgrad und Wunsch noch ein bisschen backen lassen. Anschließend aus dem Ofen nehmen und abkühlen lassen.

Vorsichtig aufschneiden und befüllen.

Temperatur: 200 °C
Backen: Umluft 24min
Zeitaufwand: 44min
Portionen: 1 Brot

Mein TIPP

Besorge dir den Inhalt vom Dönermann deines Vertrauens. Schon hast du einen echten Low-Carb Döner.

KH	EW	F	KCAL
9g	31g	15g	308

Kürbisbrot

500 g Hokkaido Kürbis, frisch
150 ml Kokosdrink
4 Eier
50 g Flohsamenschalen
200 g Mandeln, gemahlen
1 TL Backpulver
1 TL Salz

Ofen auf 180 Grad Umluft vorheizen. Eine Kastenform mit Backpapier auslegen.

Kürbis putzen, in Spalten schneiden, entkernen und anschließend würfeln. In köchelndem Wasser für 20 Minuten weich kochen. Abgießen und abtropfen lassen.

Kürbis und Kokosdrink mit dem Stabmixer pürieren.

Eier verquirlen, Kürbispüree hinzufügen und unterrühren. Flohsamenschalen, gemahlene Mandeln, Backpulver und Salz dazugeben und alles zu einem festen Teig vermengen.

Den Teig in die Kastenform einfüllen und glatt streichen. Im Ofen für 60 Minuten backen. Damit das Brot nicht zu dunkel wird, die letzten Minuten eventuell mit Alufolie abdecken.

Brot aus dem Ofen nehmen und abkühlen lassen. Aus der Kastenform stürzen, in Scheiben schneiden und servieren.

Temperatur: 180 °C
Backen: Umluft 60min
Zeitaufwand: 100min
Portionen: 1 Brot

Mein TIPP

Das leckere Kürbisbrot schmeckt super lecker mit körnigem Frischkäse und etwas Kresse.

KH	EW	F	KCAL
82g	83g	131g	1895

Logi-Brot

150 g Magerquark
4 Eier
50 g Mandeln, gemahlen
50 g Leinsamen, geschrotet
2 EL Weizenkleie
2 EL Dinkelmehl, Vollkorn, Typ 1900
10 g Backpulver
1 Prise Salz
1 EL Sesam, hell

Backofen auf 150 Grad Umluft vorheizen und eine Brotbackform leicht mit Butter einfetten.

Quark und Eier verrühren. Dann Mandeln, Leinsamen, Weizenkleie, Mehl, Backpulver und Salz unterheben. Den Teig 5 Minuten ruhen lassen.

Alles in die Backform geben und oben glatt streichen. Mit Sesamkörnern bestreuen.

Auf mittlerer Schiene für 40 Minuten backen. Das Brot herausnehmen und in der Form abkühlen lassen.

Temperatur: 150 °C
Backen: Umluft 40min
Zeitaufwand: 55min
Portionen: 1 Brot

Mein TIPP

Keine Angst vor dem Dinkelmehl. Die Kohlenhydrate und Ballaststoffe aus Dinkel sind sehr sättigend.

KH	EW	F	KCAL
24g	61g	53g	845

Fladenbrot mit Käse

1 Ei

20 g Leinsamen

15 g Mandeln, gemahlen

0.5 TL Backpulver

100 g Reibekäse, light, 16% Fett i. Tr.

Ofen auf 180 Grad Umluft vorheizen.

Ei verquirlen. Leinsamen, Mandeln und Backpulver hinzufügen und gut verrühren. Käse unterrühren.

Aus dem Teig vier Kugel formen und auf ein mit Backpapier ausgelegtes Backblech legen.

Das Brot 30 bis 40 Minuten backen.

Temperatur: 180 °C

Backen: Umluft 30min

Zeitaufwand: 40min

Portionen: 4 kleine Brote

Mein TIPP

Serviervorschlag: mit Kräuterquark und frischem Schnittlauch servieren.

KH	EW	F	KCAL
7g	39g	36g	528

Knäckebrot

1 Ei
etwas Salz
etwas Pfeffer
5 EL geschrotete Leinsamen
2 EL Goldleinsamen
1 EL Sesam
1 EL Sonnenblumenkerne
20g Parmesan

Ofen auf 180 Grad Umluft vorheizen. Backblech mit Backpapier auslegen.

Ei mit Salz und Pfeffer verquirlen. Geschrotete Leinsamen, Goldleinsamen, Sesam und Sonnenblumenkerne hinzufügen und alles gut miteinander vermengen. Teig für 15 Minuten ziehen lassen.

Teig gleichmäßig auf dem Backblech verstreichen und mit den Händen festdrücken. Im Ofen für 15 Minuten backen.

Brot aus dem Ofen nehmen, Parmesan darüberstreuen und für weitere 5 Minuten backen.

Knäckebrot aus dem Ofen nehmen, in Stücke schneiden und servieren.

Temperatur: 180 °C

Backen: Umluft 20min

Zeitaufwand: 40min

Portionen: 1 Blech

Mein TIPP

Das knusprige Knäckebrot schmeckt peerfekt mit Frischkäse oder Kräuterquark.

KH	EW	F	KCAL
5g	38g	43g	614

Weihnachtsbrot

6 Eier
280 g Magerquark
2 TL Nelken, gemahlen
1 TL Anis, gemahlen
2 TL Kardamon, gemahlen
1 Prise Salz
50 g Weizenkleie
100 g Leinsamen
30 g Kürbiskerne
50 g Sesam, hell
50 g Sojamehl, vollfett
2 TL Guarkernmehl
2 TL Backpulver
1 EL Sonnenblumenkerne

Backofen auf 175 Grad Umluft vorheizen. Brotbackform leicht einfetten und bereitstellen.

Eier und Magerquark in eine Schüssel geben und vermischen. Die Gewürze dazugeben und gut vermengen.

Alle restlichen Zutaten miteinander vermengen und zu der Ei-Quark-Masse dazu geben und per Hand verkneten bis eine zähe Teigmasse entsteht. Die Masse bei Zimmertemperatur 25 Minuten ziehen lassen.

Teig in die Brotbackform geben und glattstreichen. Sonnenblumenkerne darüber streuen und 40 Minuten backen.

Nach den 40 Minuten das Brot mit Alufolie abdecken. Danach nochmal 30 Minuten backen.

Das Brot nach dem Backen abkühlen lassen.

Temperatur: 175 °C
Backen: Umluft 70min
Zeitaufwand: 105min
Portionen: 1 Brot

Mein TIPP

Schmeckt am besten mit einem leckeren Weihnachtstee und zuckerfreier Marmelade.

KH	EW	F	KCAL
53g	138g	119g	1933

Mohn-Brot

4 Eier
200 ml Milch, 3,5%
250 g Magerquark
30 g Mohn
30 g Sesam, hell
20 g Chiasamen
70 g Leinsamen
20 g Flohsamenschalen
70 g Mandelmehl, teilentölt
20 g Backpulver
1 Prise Salz
1/2 TL Butter

Ofen auf 180 Grad Umluft vorheizen. Kastenform mit etwas Butter einfetten.

Eier, Milch und Quark in eine Rührschüssel geben und gut miteinander verquirlen.

Mohn, Sesam, Chiasamen, Leinsamen, Flohsamenschalen, Mandelmehl, Backpulver, Salz hinzufügen und alles zu einem Teig verrühren.

Teig in die Kastenform einfüllen und glatt streichen.

Im Ofen für 35 bis 40 Minuten backen. Abkühlen lassen und vorsichtig aus der Backform stürzen.

Temperatur: 180 °C

Backen: Umluft 35min

Zeitaufwand: 45min

Portionen: 1 Brot

Mein TIPP

Gib vor dem Backen noch etwas Sesam und Mohn in die Backform.

KH	EW	F	KCAL
51g	120g	96g	1618

Möhrenbrot

200 g Karotte, roh
4 Eier
100 g Mandeln, gemahlen
50 g Haselnuss, gemahlen
50 g Leinsamen, geschrotet
30 g Flohsamenschalen
2 EL Rapsöl
2 TL Backpulver
1.5 TL Salz

Ofen auf 180 Grad Umluft vorheizen und ein Backblech mit Backpapier auslegen.

Karotten schälen und auf das Backblech raspeln. Im Ofen für 20 Minuten trocknen lassen.

In der Zwischenzeit die restlichen Zutaten in eine Rührschüssel geben und mit den Knethaken kneten lassen.

Getrocknete Karotten zum Teig geben und alles nochmals gut miteinander verkneten. Eine Kastenform mit Backpapier auslegen, den Teig einfüllen und im Ofen für 55 bis 60 Minuten backen.

Das Möhrenbrot aus dem Ofen nehmen und abkühlen lassen. Vor dem Anschneiden einige Stunden auskühlen lassen.

Temperatur: 180 °C

Backen: Umluft 55min

Zeitaufwand: 85min

Portionen: 1 Brot

Mein TIPP

Serviervorschlag: super lecker mit körnigem Frischkäse und frischer Kresse.

KH	EW	F	KCAL
29g	71g	140g	1710

Nussbrot

5 Eier
1 Prise Salz
50 ml Sonnenblumenöl
100 g Mandelmehl, teilentölt
100 g Walnuss, gemahlen
50 g Sesam, hell
50 g Kürbiskerne
50 g Sonnenblumenkerne
100 g Haselnuss, ganz

Ofen auf 170 Grad Umluft vorheizen. Kastenform mit Backpapier auslegen.

Eier mit Salz und Öl verquirlen. Mandelmehl, gemahlene Walnüsse, Sesam, Kerne und restliche Nüsse hinzufügen und unterrühren.

Den Teig in die Kastenform füllen und im Ofen für 60 Minuten backen.

Brot aus dem Ofen nehmen und abkühlen lassen. Vor dem Anschneiden einige Stunden ruhen lassen.

Temperatur: 170 °C

Backen: Umluft 60min

Zeitaufwand: 70min

Portionen: 1 Brot

Mein TIPP

Variiere das Mischungsverhältnis der Nüsse nach deinem eigenen Ermessen. Eine leckere Alternative: Erdnüsse.

KH	EW	F	KCAL
49g	148g	287g	3458

Kokos-Mandel-Brot

5 Eier
150 g Butter
250 g Magerquark
120 g Kokosmehl, teilentölt
120 g Mandelmehl, teilentölt
80 g Mandeln, gemahlen
50 g Kokosraspeln
15 g Backpulver
50 ml Wasser
1 Prise Salz

Ofen auf 160 Grad Umluft vorheizen. Kastenform mit Backpapier auslegen.

Eier trennen und das Eiweiß steif schlagen.

Butter schmelzen und mit den restlichen Zutaten zu einem festen Teig verrühren. Anschließend den Eischnee unterheben.

Den Teig in die Kastenform füllen und im Ofen für 50 Minuten backen.

Das Brot aus dem Ofen nehmen, abkühlen lassen und aus der Form nehmen. Das Brot sollte einige Stunden oder über Nacht ruhen.

Temperatur: 160 °C

Backen: Umluft 50min

Zeitaufwand: 60min

Portionen: 1 Brot

Mein TIPP

Serviervorschlag: mit süßem Aufstrich wie zuckerfreier Marlmelade.

KH	EW	F	KCAL
44g	141g	243g	3023

Körnerbrot

50 g Mandeln, gehackt
50 g Haselnüsse, gehackt
100 g Sonnenblumenkerne
60 g Leinsamen, geschrotet
70 g Mandelmehl, teilentölt
20 g Chiasamen
20 g Flohsamenschalen, pulverisiert
40 g Quinoa, gepufft
1 TL Salz
350 ml Wasser
4 EL Sonnenblumenöl
2 EL Mandelmus, braun

Ofen auf 180 Grad Umluft vorheizen. Eine Kastenform mit Butter einfetten und zur Seite stellen.

Alle trockenen Zutaten in eine Schüssel geben und miteinander vermengen.

Wasser, Öl und Mandelmus hinzufügen und mit dem Rührgerät kneten.

Den Teig in die Kastenform füllen und für 60 bis 70 Minuten backen.

Körnerbrot abkühlen lassen, vorsichtig aus der Form stürzen und servieren.

Temperatur: 180 °C
Backen: Umluft 60min
Zeitaufwand: 70min
Portionen: 1 Brot

Mein TIPP

Variiere das Mischungsverhältnis der Nüsse nach deinem eigenen Ermessen. Eine leckere Alternative: Erdnüsse.

KH	EW	F	KCAL
57g	95g	191g	2389

Körner-Knäckebrot

50 g Sonnenblumenkerne
50 g Kürbiskerne
50 g Pinienkerne
50 g Sesam, hell
100 g Leinsamen, geschrotet
50 g Haselnüsse, gehackt
50 g Mandeln, gemahlen
2 TL Flohsamenschalen, pulverisiert
2 TL Salz
2 Eier
200 ml Wasser

Ofen auf 150 Grad Umluft vorheizen. Backblech mit Backpapier auslegen und zur Seite stellen.

Alle trockenen Zutaten in eine Schüssel geben und gut miteinander vermengen.

Eier verquirlen und mit dem Wasser zu dem Körner-Mix geben. Alles gut verrühren.

Den Teig auf das Backblech geben und glatt streichen. Für 65 bis 70 Minuten im Ofen backen.

Aus dem Ofen nehmen und kurz abkühlen lassen. Das noch etwas warme Brot in Stücke schneiden und anschließend abkühlen lassen.

Temperatur: 150 °C
Backen: Umluft 65min
Zeitaufwand: 75min
Portionen: 1 Blech

Mein TIPP

Serviervorschlag: mit Dip oder Aufstrich perfekt als Rohkost-Beilage.

KH	EW	F	KCAL
30g	109g	210g	2509

Keto-Brot

6 Eier
1 TL Zitronensaft
70 g Butter
1 Prise Salz
70 g Mandelmehl, teilentölt
3 TL Backpulver

Ofen auf 190 Grad Umluft vorheizen. Kastenform einfetten oder mit Backpapier auslegen.

Eier vorsichtig trennen. Eiweiß mit Zitronensaft (sehr) steif schlagen.

Butter schmelzen und mit dem Eigelb verquirlen. Salz, Mandelmehl und Backpulver hinzufügen und gut unterrühren.

Zunächst ein Drittel des Eischnees unterrühren. Den restlichen Eischnee nach und nach unterheben.

Teig in die Kastenform füllen, glatt streichen und im Ofen für 30 Minuten backen.

Brot aus dem Ofen nehmen und abkühlen lassen. Vorsichtig aus der Form stürzen und in Scheiben schneiden.

Temperatur: 190 °C

Backen: Umluft 30min

Zeitaufwand: 40min

Portionen: 1 Brot

Mein TIPP

Das leckere Keto-Brot eignet sich perfekt zum Toasten.

KH	EW	F	KCAL
16g	71g	97g	1261

Leinsamen-Ecken

1 Ei
etwas Salz
etwas Pfeffer
20g Butter
80g Mandelmehl
20g Parmesan
20g Goldleinsamen

Ofen auf 180 Grad Umluft vorheizen. Backblech mit Backpapier auslegen.

Ei mit Salz und Pfeffer verquirlen. Geschmolzene Butter, Mandelmehl, Parmesan und Goldleinsamen hinzufügen und alles zu einem glatten Teig verkneten. Teig in Frischhaltefolie einwickeln und für 15 Minuten in den Kühlschrank legen.

Danach sehr dünn ausrollen und vorsichtig auf das Backblech legen. Im Ofen für 8 bis 10 Minuten backen.

Aus dem Ofen nehmen und auf dem Backblech abkühlen lassen. In Ecken schneiden und servieren.

Temperatur: 180 °C

Backen: Umluft 10min

Zeitaufwand: 35min

Portionen: 1 Blech

Mein TIPP

Mit würzigem Dip, wie Salsa oder Guacamole, der perfekte Snack.

KH	EW	F	KCAL
8g	59g	45g	705

Mein TIPP

Beachte beim Backen meine Tipps und die Infos zu Ausstattung sowie die passenden Backeinstellungen ab Seite 40.

Brötchen

Chia-Eiweißbrötchen

2 EL Quark, natur, Rahm
1 EL Frischkäse, Doppelrahm
2 Eier
8 g Backpulver
25 g Reibekäse, 45% Fett i. Tr.
5 EL Flohsamenschalen
1 EL Chiasamen
1 EL Leinsamen
1 EL Sesam, hell

Backofen auf 200 Grad Ober-/Unterhitze vorheizen. Backblech mit Backpapier auslegen.

Alle Zutaten (außer Sesam) vermischen, bis ein Teig entsteht. Alles für mindestens 10 Minuten quellen lassen.

Aus dem Teig vier kleine Brötchen formen. Die Brötchen einschneiden und noch etwas Sesam über die Buns streuen, bevor es in den Ofen geht.

30 bis 40 Minuten backen, bis die Oberfläche goldbraun ist. Während die Brötchen backen, den Ofen nicht öffnen.

Temperatur: 200 °C

Backen: Ober-/Unterhitze 40min

Zeitaufwand: 60min

Portionen: 4 Brötchen

Mein TIPP

Serviervorschlag: mit Frischkäse bestreichen und mit frischem Schnittlauch bestreuen.

KH	EW	F	KCAL
8g	26g	32g	435

to go

Quinoa-Quarkbrötchen

50 g Quinoa

150 g Quark, natur, halbfett

150 g Joghurt, griechischer Art

4 Eier

15 g Backpulver

1 EL Mandelmehl, teilentölt

8 EL Flohsamenschalen, pulverisiert

1 Prise Meersalz, grob

Aus 50g ungekochtem Quinoa werden mit 150 ml Wasser 200g gekochter Quinoa. Dazu einfach Quinoa nach Verpackungsanleitung zubereiten.

Backofen auf 200 Grad Ober-/Unterhitze vorheizen. Backblech mit Backpapier auslegen.

Alle Zutaten kneten, bis ein Teig entsteht. Aus dem Teig neun kleine Brötchen formen. (Je nach Teigkonsistenz mit etwas zusätzlichem Mandelmehl anmischen oder ein Ei weglassen.)

Im Ofen 30 bis 40 Minuten backen, bis die Oberfläche goldbraun ist.

Temperatur: 200 °C

Backen: Ober-/Unterhitze 40min

Zeitaufwand: 55min

Portionen: 9 Brötchen

Mein TIPP

Mit Frischkäse und Schinken schmecken sie wie normale Brötchen.

KH 51g

EW 56g

F 46g

KCAL 864

Oopsie Burgerbrötchen

4 Eier

135 g Frischkäse, Doppelrahm

1 Prise Salz

1 TL Sesam, hell

Die Menge der Zutaten ergeben drei Brötchenpaare, also insgesamt sechs Brötchen.

Die Oopsie-Hälften werden einzeln gebacken und am Ende aufeinander gelegt. Das heißt es entsteht kein übliches Brötchen, welches vor dem Belegen aufgeschnitten werden muss, sondern zwei einzelne Hälften.

Den Backofen auf 150 Grad Umluft vorheizen. Ein Backblech mit Backpapier auslegen und zur Seite stellen.

Eier trennen und das Eigelb mit dem Frischkäse verrühren, Salz dazu geben. Eiweiß richtig steif schlagen und unter die Eigelb-Frischkäse-Mischung heben.

Teig auf dem Backblech zu sechs Burgerbrötchen formen. Davon drei mit Sesam bestreuen, das werden die Deckel. Im Ofen für 25 Minuten backen.

Abkühlen lassen. Dabei fallen die Brötchen etwas ein. Das ist ganz normal.

Temperatur: 150 °C

Backen: Umluft 25min

Zeitaufwand: 35min

Portionen: 6 Oopsie-Hälften

Mein TIPP

Mit den Oopsies lasses sich super leckere Low-Carb Burger machen. Für Profis: einen kleinen Backring verwenden.

KH	EW	F	KCAL
10g	38g	66g	790

Chia-Cheese-Brötchen

1 EL Magerquark
0.5 EL Frischkäse, körnig, 0,8% Fett
1 Ei
20 g Mozzarella, gerieben
1 TL Backpulver
3 EL Flohsamenschalen
1 EL Chiasamen
0.5 EL Leinsamen
2 Prisen Sesam, hell

Backofen auf 200 Grad Ober-/Unterhitze vorheizen. Backblech mit Backpapier auslegen.

Alle Zutaten (außer dem Sesam) per Hand verkneten, bis ein Teig entsteht. Der Teig sollte nicht zu nass sein. Aus dem Teig eins bis zwei kleine Brötchen formen. Mit einem Messer ein X auf das Brötchen ritzen. Je tiefer die Einschnitte sind, desto mehr geht das Brötchen im Ofen auseinander.

Bevor es in den Ofen geht, noch mit Sesam bestreuen.

20 bis 30 Minuten backen.

Temperatur: 200 °C

Backen: Ober-/Unterhitze 30min

Zeitaufwand: 30min

Portionen: 1-2 Brötchen

Mein TIPP

Schmeckt auch ohne Belag super lecker.

KH	EW	F	KCAL
4g	16g	16g	235

Mini-Quarkbrötchen

125 g Quark, natur, halbfett
25 g Dinkelflocken
25 g Mandelmehl, teilentölt
1 Ei
1 EL Flohsamenschalenmehl
1 EL Chiasamen
1 TL Leinsamen, geschrotet
4 g Backpulver, stärkefrei
1 Prise Salz
1 Prise Sesam, schwarz

Backofen auf 180 Grad Ober-/Unterhitze vorheizen, ein Backblech mit Backpapier auslegen.

Alle Zutate,n außer dem Sesam, mit der Hand zu einem Teig kneten. Mit einem Tuch abdecken und mindestens 10 Minuten stehen lassen.

Teig in drei kleine Brötchen formen und mit schwarzem Sesam berieseln.

Alles für 30 Minuten auf mittlerer Schiene backen. Dann auf reine Oberhitze stellen und das Blech auf die höhere Schiene stellen. Weitere 5 bis 10 Minuten backen. Die Brötchen werden jetzt schnell braun.

Aus dem Ofen nehmen und kurz abkühlen lassen. Lauwarm servieren.

Temperatur: 180 °C

Backen: Ober-/Unterhitze 40min

Zeitaufwand: 55min

Portionen: 3 Brötchen

Mein TIPP

Topping nach Wunsch und Geschmack variieren.

KH	EW	F	KCAL
25g	37g	20g	438

Sesambrötchen

50 g Sojamehl, entfettet
40 g Mandelmehl, teilentölt
50 g Leinsamen, gemahlen
30 g Sesam
30 g Flohsamenschalen
10 g Backpulver
1 Prise Salz
2 Eiweiß
250 ml Wasser

Ofen auf 180 Grad Umluft vorheizen. Backblech mit Backpapier auslegen und zur Seite stellen.

Sojamehl, Mandelmehl, Leinsamen, Sesam, Flohsamenschalen, Backpulver und etwas Salz in eine Schüssel geben. Eiweiß und Wasser hinzufügen und alles gut miteinander verrühren. Zum Schluss mit den Händen verkneten und kurz gehen lassen.

Aus dem Teig acht Brötchen formen. Mit einem feuchten Messer kreuzförmig einritzen und auf das Backblech legen.

Im Ofen für 55 Minuten backen. Nach dieser Backzeit den Ofen ausschalten, die Ofentür einen Spalt öffnen und die Brötchen für weitere 15 Minuten im Ofen lassen.

Die Brötchen aus dem Ofen nehmen und abkühlen lassen.

Temperatur: 180 °C

Backen: Umluft 55min

Zeitaufwand: 80min

Portionen: 8 Brötchen

Mein TIPP

Die Sesambrötchen sind unser Cover-Motiv und brauchen deswegen keinen Tipp.

KH	EW	F	KCAL
16g	66g	40g	740

Frischkäse-Brötchen

3 Eier
200 g Frischkäse, körnig, 0,8% Fett
45 g Flohsamenschalen
1 TL Chia-Samen
1 Prise Salz
1 Prise Backpulver
etwas Sesam, hell

Alle Zutaten außer ein Eigelb in eine Schüssel geben und gut vermischen. 10 Minuten ziehen lassen.

Den Backofen auf 160 Grad Ober-/Unterhitze vorheizen. Backblech mit Backpapier auslegen.

Drei bis vier Brötchen aus der Masse formen und für 35 Minuten backen.

Backblech kurz herausnehmen und mit einem Lebensmittelpinsel die Brötchen mit dem übrigen Eigelb bestreichen. Mit Sesam berieseln und nochmal 15 Minuten backen.

Die letzten 5 bis 10 Minuten mit der Grillfunktion bei 250 Grad backen. Aber immer im Auge behalten. Das geht dann am Ende schnell.

Temperatur: 160 °C

Backen: Ober-/Unterhitze 60min

Zeitaufwand: 75min

Portionen: 3-4 Brötchen

Mein TIPP

Mit den Brötchen kann man fantastische Low-Carb Sandwiches zaubern.

KH	EW	F	KCAL
6g	46g	17g	372

Thunfisch-Brötchen

150 g Zucchini
3 Eier
200 g Buttermilch
50 g Butter
1 TL Italienische Kräuter, zum Streuen
1 Prise Salz
1 Prise Pfeffer, schwarz
50 g Mandelmehl, teilentölt
50 g Flohsamenschalen
140 g Thunfisch
60 g Reibekäse, light, 16% Fett i. Tr.

Ofen auf 180 Grad Umluft vorheizen. Backblech mit Backpapier auslegen und zur Seite stellen Zucchini waschen, trocknen und klein reiben.

Eier mit Buttermilch, der geschmolzenen Butter, Kräutern, Salz und Pfeffer verquirlen. Mandelmehl und Flohsamenschalen einrühren. Thunfisch, Käse und Zucchiniraspel hinzufügen und alles gut miteinander vermengen.

Aus dem Teig neun gleich große Kugeln formen und auf das Backblech legen.

Im Ofen für 35 bis 40 Minuten backen.

Aus dem Ofen nehmen, kurz abkühlen lassen und noch warm servieren.

Temperatur: 180 °C

Backen: Umluft 40min

Zeitaufwand: 50min

Portionen: 9 Brötchen

Mein TIPP

Serviervorschlag: unbedingt mit gesalzener Butter probieren!

KH	EW	F	KCAL
24g	101g	83g	1272

Paprika-Brötchen

1 Paprika, rot
1 Schalotte
1 EL Olivenöl
0.5 TL Honig (Blütenhonig)
3 Eier
100 g Schmand, 24% Fett
1 Prise Salz
1 Prise Pfeffer, schwarz
20 g Kokosmehl, teilentölt
50 g Mandelmehl, teilentölt
5 g Dinkelkleie
0.5 TL Backpulver
20 g Walnuss, gehackt

Ofen auf 180 Grad Umluft vorheizen und Backblech mit Backpapier auslegen.

Paprika waschen und in kleine Stücke schneiden. Schalotte hacken und beides in eine Schüssel geben. Öl, Honig hinzufügen und alles miteinander verrühren.

Paprika-Schalotten-Mix auf das Backblech geben und im Ofen für 20 Minuten rösten. Aus dem Ofen nehmen und zur Seite stellen.

Eier, Schmand miteinander verquirlen und mit Salz und Pfeffer würzen. Die restlichen Zutaten hinzugeben und alles zu einem Teig verrühren. Paprika-Schalotten-Mix zum Teig geben und gut miteinander vermengen.

Drei Brötchen formen, auf das Backblech geben und für 35 bis 40 Minuten im Ofen backen.

Brötchen aus dem Ofen nehmen und vor dem Servieren etwas abkühlen lassen.

Temperatur: 180 °C
Backen: Umluft 40min
Zeitaufwand: 70min
Portionen: 3 Brötchen

Mein TIPP

Wunderbare Low-Carb Beilage zum Vesper oder Antipasti.

KH	EW	F	KCAL
29g	52g	67g	951

Keto-Sesambrötchen

80 g Mandelmehl, teilentölt
2 EL Flohsamenschalen, pulverisiert
15 g Backpulver
40 g Sesam, hell
1 TL Salz
100 g Mozzarella, gerieben
80 g Frischkäse, Doppelrahm
2 Eier

Ofen auf 200 Grad Umluft vorheizen. Backblech mit Backpapier auslegen und zur Seite stellen.

Alle trockenen Zutaten in einer Rührschüssel miteinander vermengen.

Mozzarella und Frischkäse in einem kleinen Topf erhitzen unter ständigem Umrühren schmelzen.

Eier verquirlen und mit dem geschmolzenen Käse zu dem Mehl-Mix geben und alles gut miteinander verkneten.

Sechs Brötchen aus dem Teig formen, auf das Backblech legen und im Ofen für 12 bis 15 Minuten backen.

Temperatur: 200 °C
Backen: Umluft 12min
Zeitaufwand: 25min
Portionen: 6 Brötchen

Mein TIPP

Das Schmelzen von Mozzarella und Frischkäse klappt auch in der Mikrowelle.

KH	EW	F	KCAL
24g	89g	90g	1293

Protein-Brötchen

50 g Magerquark
25 g Proteinpulver, neutral
50 g Dinkelmehl, Vollkorn
1 TL Flohsamenschalen
1 Prise Salz
1 Eiweiß
1 Prise Sesam, hell

Backofen auf 180 Grad Umluft vorheizen, ein Backblech mit Backpapier auslegen und zur Seite stellen.

Magerquark, Proteinpulver, Dinkelmehl, Flohsamenschalen und Salz in einer Schale vermischen. Eiweiß steif schlagen und unterheben. Alles für 5 bis 10 Minuten quellen lassen.

Hände befeuchten, zwei Brötchen aus dem Teig formen und oben leicht einschneiden.

Mit Sesam bestreuen und im Ofen 20 Minuten backen. Kurz abkühlen lassen und noch warm servieren.

Temperatur: 180 °C

Backen: Umluft 20min

Zeitaufwand: 35min

Portionen: 2 Brötchen

Mein TIPP

Keine Angst vor dem Dinkelmehl. Die Kohlenhydrate und Ballaststoffe aus Dinkel sind sehr sättigend.

KH	EW	F	KCAL
32g	41g	3g	326

Kokosmehl-Brötchen

4 Eier
60 g Butter
180 ml Wasser
90 g Kokosmehl, teilentölt
2 TL Backpulver
3 TL Flohsamenschalen, pulverisiert
1 Prise Salz

Ofen auf 180 Grad Umluft vorheizen, ein Backblech mit Backpapier auslegen und zur Seite stellen.

Eier und Butter miteinander verquirlen. Wasser, Kokosmehl, Backpulver und Flohsamenschalen-Pulver hinzufügen, salzen und gut verrühren.

Aus dem Teig 8 gleich große Brötchen formen. Auf das Backblech legen und im Ofen für 30 bis 35 Minuten goldbraun backen.

Aus dem Ofen nehmen und etwas abkühlen lassen. Noch warm servieren.

Temperatur: 180 °C

Backen: Umluft 30min

Zeitaufwand: 40min

Portionen: 8 Brötchen

Mein TIPP

Serviervorschlag: Schmeckt mit süßem oder herzhaftem Aufstrich.

KH	EW	F	KCAL
9g	29g	74g	852

Schoko-Kokos-Brötchen

1 EL Magerquark

0.5 EL Frischkäse, körnig, 0,8% Fett

1 Ei

1 EL Proteinpulver, Schoko

1 TL Backpulver

1 EL Kakaopulver

2 EL Flohsamenschalen

1 EL Chiasamen

0.5 EL Leinsamen, geschrotet

1 TL Nutella

25 g Kokosraspeln

Backofen auf 200 Grad Ober-/Unterhitze vorheizen. Backblech mit Backpapier auslegen und zur Seite stellen.

Alle Zutaten (außer Nutella und der Hälfte der Kokosflocken) mit der Hand kneten, bis ein Teig entsteht. Der Teig sollte nicht zu nass sein. Bei Bedarf noch etwas Mandelmehl oder einen weiteren EL Flohsamenschalen hinzu geben.

Aus dem Teig eins bis zwei kleine Brötchen formen. Mit einem Messer kreuzförmig einschneiden. Je tiefer die Einschnitte sind, desto mehr geht das Brötchen im Ofen auseinander.

Im Ofen 20 bis 30 Minuten backen.

Nutella in der Mikrowelle erwärmen, dass es flüssig wird. Mit einem Löffel über das Brötchen geben. Anschließend mit dem Rest der Kokosflocken überstreuen und servieren.

Temperatur: 200 °C

Backen: Ober-/Unterhitze 20min

Zeitaufwand: 35min

Portionen: 1-2 Brötchen

Mein TIPP

Das Schoko-Kokos-Brötchen, wie abgebildet, eignet sich auch als deftige Nachspeise.

KH	EW	F	KCAL
8g	21g	28g	385

Vegane Brötchen

100 g Mandelmehl, teilentölt
25 g Kokosmehl, teilentölt
2 EL Flohsamenschalen, pulverisiert
15 g Backpulver
1 EL Apfelessig
1 EL Olivenöl
0.5 TL Salz
200 ml Wasser
20 g Sesam, hell

Ofen auf 180 Grad vorheizen. Backblech mit Backpapier auslegen.

Alle trockenen Zutaten in einer Rührschüssel vermengen.

Heißes Wasser, Öl und Apfelessig hinzufügen und erst mit dem Handrührgerät und anschließend von Hand gut durchkneten.

Etwa sechs Brötchen aus dem Teig formen und auf das Backblech legen. Mit etwas Wasser bestreichen und Sesam darüber streuen. Im Ofen für etwa 40 bis 45 Minuten backen.

Fertige Brötchen aus dem Ofen nehmen und abkühlen lassen.

Temperatur: 180 °C

Backen: Ober-/Unterhitze 45min

Zeitaufwand: 50min

Portionen: 6 Brötchen

Mein TIPP

Serviervorschlag: Schmeckt mit süßem oder herzhaftem Aufstrich.

KH	EW	F	KCAL
18g	50g	30g	568

Rezepteverzeichnis

Brote

Brötchen

Weitere Kochbücher

Abnehmen mit Low-Carb: Langfristig und ohne Hunger zum Traumgewicht

133 Rezepte, 364 Seiten
Größe: 24,1 x 17,2 x 2,2 cm
Verlag: EoK GmbH
ISBN: 978-3982079301
Preis: €29,99

15. April 2019

auch vegetarisch
124 Rezepte, 356 Seiten
ISBN: 978-3982079318
16. Dezember 2019

Low-Carb Weihnachtsbäckerei – 30 weihnachtliche Backrezepte

68 Rezepte, 30 Seiten
Größe: 17 x 21 x 1 cm
Verlag: EoK GmbH
ISBN-13: 978-3982079394
Preis: €16,99

November 2020

10%
EXTRA RABATT
DEIN PERSÖNLICHER
GUTSCHEINCODE
BROT10EOK

Meal Prep 4er Set (Glas Frischhaltedosen)

4 Glasdosen mit Unterteilung (2er/3er)
Ohne Weichmacher
Geeignet für: Backofen, Mikrowelle, Spülmaschine, TK-Fach
100% dicht und auslaufsicher
GTIN / EAN: 4260689750009
Preis: €39,99
Erhältlich im www.eokshop.de und auf **Amazon**

Ein Angebot von ESSEN OHNE KOHLENHYDRATE
EoK GmbH, Leitzstraße 4c, 70469 Stuttgart

Gesetzlich vertreten durch den Geschäftsführer Alexander Grimme,
USt-ID: DE 222612983,
Registernummer: HRB 225692
Amtsgericht Stuttgart
Verantwortlich für den Inhalt i.S.d. § 55 Abs. 2 RStV:
Alexander Grimme, EoK GmbH,
Leitzstraße 4c, 70469 Stuttgart,
Telefon +49 (0)711 896659360,
E-Mail: info@essen-ohne-kohlenhydrate.info

Redaktion Britta Birkle, Anne-Christin Grimme, Alexander Grimme
Layout Alexander Grimme, Laura Lengger
Konzept Alexander Grimme
Fotografie Anne-Christin Grimme, Lina Weymann, Alexander Grimme

1. Auflage (2021) • **ISBN** 978-3-9820793-2-5